蓬萊閣典藏系列

唐代政治史述論稿

陳寅恪／撰
唐振常／導讀

上海古籍出版社

圖書在版編目(CIP)數據

唐代政治史述論稿 / 陳寅恪撰；唐振常導讀. —
上海：上海古籍出版社，2020.5
(蓬萊閣典藏系列)
ISBN 978-7-5325-8898-5

Ⅰ.①唐… Ⅱ.①陳… ②唐… Ⅲ.①政治制度—研究—中國—唐代 Ⅳ.①D691.21

中國版本圖書館 CIP 數據核字(2018)第 133927 號

蓬萊閣典藏系列
唐代政治史述論稿
陳寅恪 撰　唐振常 導讀

上海古籍出版社　出版、發行
(上海市瑞金二路 272 號　郵政編碼 200020)
(1) 地址：www.guji.com.cn
(2) E-mail：guji1@guji.com.cn
(3) 易文網網址：www.ewen.co

印　刷　蘇州市越洋印刷有限公司
開　本　787×1092　1/32
印　張　8.75
插　頁　5
字　數　121,000
版　次　2020 年 5 月第 1 版　2020 年 5 月第 1 次印刷
ISBN 978-7-5325-8898-5/K·2508
定　價　36.00 元

出版説明

中國傳統學術發展到晚清民國，進入一個關鍵的轉折時期。面對「數千年未有之變局」，舊傳統與新思想無時不在激盪中融匯，學術也因而別開生面。士人的眼界既開，學殖又厚，遂有一批大師級學者與經典性著作涌現。這批大師級學者在大變局中深刻反思，跳出舊傳統的窠臼，擁抱新思想的精粹，故其成就者大。本社以此時期的大師級學者經典性著作具有開創性，遂延請當今著名專家爲之撰寫導讀，希冀藉助今之專家，詮釋昔之大師，以引導讀者理解其學術源流、文化背景等。是以本社編有「蓬萊閣叢書」，其意以爲漢人將皮藏要籍的館閣比作道家蓬萊山，後世遂稱藏書閣爲「蓬萊閣」，因借取而爲叢書名。「蓬萊閣叢書」推出後風行海内，爲無數學子涉獵學術提供了階梯。今推出「蓬萊閣典藏系列」，萃取「蓬萊閣叢書」之精華，希望大師的經典之作與專家的精賅之論珠聯璧合，繼續幫助讀者理解中國傳統學術的發展與大師的治學風範。

目録

《唐代政治史述論稿》學習筆記

唐振常

（一）

上海古籍出版社擬重版陳寅恪先生《唐代政治史述論稿》，經由寅恪先生長女公子流求來信，命爲一文，以作是書導讀。聞悉之下，既感且愧。老師之書，何敢爲導。老師之學，何能爲導。遲疑而不敢應命者多日，終于執筆寫下這篇粗疏的文字，蓋深感先生辭世二十有七年，先生博大精深之學彌久而愈彰，先生獨立蒼茫之人格精神更見其輝煌，足證人間終有正道，學術尊嚴不泯。弟子不敏，雖不得略窺先生之學于萬一，如能稍作疏解，藉供初學者知先生是書之精要，而能發憤于學，立志以繼先生之事業,則亦或可稍解五十二年前受教而怠學之憾于萬一了。

《唐代政治史述論稿》是先生研究中國中古史的傑作,對有唐一代政治史作了最精闢的論述,博大處浩浩乎無涯際,綜觀全史,上溯西晉、南北朝與隋世,下訖唐以後之變化。而此浩無涯際的宏觀之學,全從先生精深獨到的研究得來,正所謂從細微處見精神,以小而見大也。錢穆先生論朱熹「以一大儒通考據,事固無難」。移之于先生,亦然。于是,此書之行文也,雖分爲上、中、下三篇,實同一貫,由頭至尾,一氣呵成,一脈相連,層層相因,一環套一環,讀至終卷,便能憬然有悟,知先生之精義所在。讀是書者,先應熟讀唐史一過,取得基本瞭解,更應與先生早于是書而作的《隋唐制度淵源略論稿》并讀(按:《隋唐制度淵源略論稿》完成于一九四〇年,《唐代政治史述論稿》寫于一九四二年,蔣天樞先生《陳寅恪先生編年事輯》繫《唐代政治史述論稿》于一九四一年作,誤),同時讀先生有關唐史的單篇論文,方能互相發明。

書分爲上、中、下三篇,各有一題,而篇之下不另立目,全書行文是一以貫之,每篇行文亦一以貫之，這是先生爲文的一向風格，是先生治史而通的表現。實則，細讀之，每篇之内皆各有小題寓于文中，與現在通行的篇之下，復有章、節、目者無異。西方章節式寫史之體，是稍早于先生之前一代人引入，引起了中國寫史之體的變化。先生留學西方多年，于西方史體自極熟悉，而先生熟積于胸中未曾全然抛棄者爲中國傳統的寫史之體，于是，先生博采兩方之長而自創獨特的寫史之法，既有整然之序，主題鮮明，一以貫之，復互相照應，各章有其側重，而又不失之零碎，乃能大小兼備，全局豁然。今之治史者，未必能得先生寫史之法，然必應瞭解先生創法之意。但是，初讀先生書者，或讀書不專心者，于此不免感覺難讀。今寫此文，要旨乃在迻譯并簡化先生之文，并按文意加寫標題，以使讀之者能覺醒目。間以私意加寫按語，略作闡釋。因而，實際上只是一篇原作提要，可以視之爲課堂筆記。于先生之學，採述而不作之道，正是我前面説的何敢爲導和何能爲導之意。文末，附述我的幾點想法，只是白頭學生呈給老師的課外讀書報告而已。

（二）

上篇　統治階級之氏族及其升降（第一頁至第七一頁）

開宗明義，指出李唐一代史事的關鍵是種族和文化兩個問題。振常按：這是先生治唐史的卓越之見，是全書綱要，全書即環繞這兩個問題而展開論述，層層深入，盡揭底藴。學者于此必須注意領會。

甲、唐室氏族世系考證（第一頁至第一九頁）

李唐皇室女系母統雜有胡族血胤，如高祖、太宗、高宗之母皆胡姓而非漢人，不待闡述，此節專論男系父統之氏族。唐室自稱爲西凉武昭王李暠正支後裔。博採諸書，詳加考訂，證明非是，得結論曰：「李唐先世若非趙郡李氏之『破落户』，即是趙郡李氏之『假冒牌』。」「李唐血統其初本是華夏，其與胡夷混雜，乃一較晚之事實也。」

振常按：此節文字，着眼者大，着手者小，爲極精闢的考據之作。書中第十六至十七頁引《隋書·經籍志》言宇文泰訂立政策，改易氏族，引起譜序郡望變化，先生獨具法眼，認爲這段文字，實是分别適用于胡人與漢人，文中自「後魏遷洛」至「并爲河南洛陽人」止一節專指胡人而言；自「其中國士人」至「又以關内諸州爲其本望」止一節，實專指漢人而言。于此，乃可明白，「李唐之稱西凉嫡裔，即所謂『并令爲其宗長，仍撰譜牒，紀其所承』，其改趙郡郡望爲隴西郡望（按：先生前文已指出「趙郡李氏是亦華夏名家，又何必假稱出于隴西耶」（？）），即所謂『又以關内諸州爲其本望』。」千古未發之覆，得先生一語而決，讀史者應細審之。先生早年寫有《李唐氏族之推測》、《〈李唐氏族之推測〉後記》、《三論李唐氏族問題》三文，歷經多年，最後形成關于李唐氏族的系統見解。

乙、世系改易歷程及胡漢文化問題（第一九頁至第七一頁）

李唐世系先後改易之歷程既明，進而發現，此世系改易之歷程，實不限于李唐皇室一族，凡多數北朝、隋唐統治階級之家，莫不如是。于是先生進而論述此中國中古史上這一大問題。

① 關中本位政策由來（第一九頁至第二四頁）

此節從拓拔魏實行漢化政策發端，歷述孝文帝遷都洛陽，漢化達于高峰，而邊塞六鎮之鮮卑及胡化之漢族，則仍保留其本來之胡化，爲一善戰之民族，後南向遷徙，入高歡統治之下，高歡遂無敵于中原，成其霸業。其他小部分，由賀拔岳、宇文泰率領西徙，割據關隴，抗衡高氏，分得西北部之地，成北朝東西并峙之局。然宇文泰以少數之六鎮民族，局促關隴一隅之地，終能併吞分有多數六鎮民族且雄據山東富饒區域之高齊，實由所採取的新途徑正確所致，先生對此新途徑稱之爲關中本位政策。關中本位政策開創于宇文泰，隋及初唐因之。唐至武后以後，政治、軍事、社會、文化上的變化，與初唐判若兩端，都由于關中本位政策至武后而廢。先生以大手筆爲讀者作了深刻入微的描繪。其詳應參《隋唐制度淵源略論稿》。

宇文泰關中本位政策的出發點，在于融合其所割據的關隴區域内之鮮卑六鎮民族及其他胡漢土著之人爲一不可分離之集團，使之在物質上處同一利害之環境，精神上具同出一淵源之信仰，同受一文化之薰習，方能禦敵制勝。而精神文化方面尤爲融合複雜民族之要道。因而以其割據之土依附古昔，稱之爲漢化發源之地，不復以山東、江左爲漢化的中心。凡屬于兵制的府兵制，屬于官制的周官，皆是其事（府兵制尤爲關中本位政策主要的内容）。而前舉《隋書・經籍志》改易氏族之舉，自是執行關中本位政策的例證。接着，先生以宇文泰改易民族的前後兩階段例證李唐氏族稱謂之變易，并舉證北朝、隋唐史料記載諸多李姓的籍貫往往紛歧，即由改易民族之前後兩階段未曾判明。而隋唐皇室之所以始終分别自稱爲弘農楊震、隴西李暠之嫡裔，乃由于隋唐皆沿襲關中本位政策，歧視山東人的觀念不變。溯源探微，先生之史學，總使人明白底蘊。

② 漢胡之别，在北朝時代文化重于血統（第二五頁至第二六頁）

此處只是舉兩例以説明在北朝時代，漢人與胡人的分别是文化重于血統，凡漢化之人即目爲漢人，胡化之人即目爲胡人，血統如何，在所不論。先生認爲此點爲治吾國中古史最要關鍵，如不明白，「必致無謂之糾紛」。先生在這裏稍涉此點，爲以後討論種族與文化關係問題先得一概念。

③ 科舉制之崇重與府兵制之破壞，俱起于武后，成于玄宗（第二六頁至第三七頁）

自高祖、太宗創業至高宗統御之前期，其將相文武大臣大抵承西魏、北周及隋以來之世業，即宇文泰關中本位政策下所結集團體之後裔也。至武后主政，逐漸破壞傳統之關中本位政策，府兵制即于此時開始崩潰，而社會階級亦在此際起一升降之變動。蓋武后大崇文章，破格用人，于是士子競趨進士詞科。山東、江左之人，有雖工于爲文，但以不預關中團體，致遭屏抑者，亦因此政治變革之際會上升朝列，而西魏、北周、楊隋及唐初將相舊家之政權尊位，遂爲此新興階級攘奪替代。「故武周之代李唐，不僅爲政治之變遷，實亦社會之革命」。及武后統治告終，改變關中本位政策之趨勢仍繼續進行，至玄宗朝，關中本位政策遂破壞無遺。安史亂後，中央政府與一部分地方藩鎮，截然劃分爲兩個不同的區域，非僅政治軍事不能統一，即社會文化亦完全成爲互不干涉之集團，其統治階級氏族之不同類，更無待言。安史亂平，而其部將及所統之民衆，依舊保持其勢力，與中央政府相抗，以迄于唐室之滅亡。在奉長安文化爲中心，恃東南財賦以存立的集團中，其統治階級，乃此集團所占地域内的兩種人，一是受高深文化教養的漢族，多爲武則天專政後提拔的新興階級，大抵從文詞科舉出身爲外廷士大夫；一是受漢化不深的蠻族，或蠻夷化的漢人，多來自邊荒區域，自玄宗朝至唐亡，一百五十年間身居内廷，實握政治及禁軍之大權，而所謂閹寺之特殊階級。故科舉制之崇重與府兵制之破壞，俱起于武后，成于玄宗。其時代之符合，絶非偶然也。

振常按：以上是本節大要，所含内容極豐富，論證極爲精闢。本節最後，略爲考訂閹寺多出自今之四川、廣東、福建等省，時爲蠻夷區域，而宦官姓氏又有不類漢姓者，故疑閹寺中多蠻族或蠻夷化之漢人。至于閹寺之權日大，以至政柄及君權皆入其手，皇位繼承之權歸其決定，内朝之禁軍及外廷之宰相，俱由其指揮進退，詳于中篇《政治革命及黨派分野》，此處只言宦官之氏族。又，此節論及武則天崇重進士詞科對于唐代政治變遷及社會革命的巨大影響，先生在他書中對此多有論述，如取先生之《元白詩箋證稿》對《長恨歌》的箋證、單篇論文《論韓愈》等并加閱讀，當可明白先生治學功力之深，目光之炬，先生對各種零碎史料如串置散錢，治棼理絲，把唐代的政治史、社會史、文化史、文學史聯繫起來，一以貫之，論證了大問題。于此，我寫有《談陳寅恪先生治史》一文略作闡述（見《學術集林》第二輯，并見拙集《川上集》），此處不贅。

④ 種族與文化（第三七頁至第六九頁）

振常按：上節既揭載安史亂後中央政府與一部分地方（河北）藩鎮截然劃分爲兩個不同的區域，本節即緊接前題，進而論述河北藩鎮實爲一獨立團體，其政治、軍事、財政等與長安中央政府實際上無隸屬之關係，其民間社會亦未深受漢族文化之影響，不以長安、洛陽周孔名教及科舉仕進爲安身立命之歸宿。于此提出了論唐代河北藩鎮問題必須注意民族及文化二端方能得其真相之卓然論點，發千古之覆。以下所述，以大量例證層層深入證其説之不能易，應深讀之。

例證之一，秀才盧霈年二十不知周公、孔子，只擊毬飲酒、馬射走兔，語言習尚無非攻守戰鬥之事。例證之二，其地暴刑暴賦，唯恤軍戎，對衣冠士人遇如奴隸。例證之三，從韓愈《送董召南游河北序》得知，類似董召南這樣有野心而在長安文化區域内不能得意的人，只有北走河朔之一途。例證之四，李益雖登進士而不得意，北走范陽。凡此，足以證明，唐朝後半期含有兩個獨立敵視的團體，此二團體統治階級之種族文化宜有不同之點。進而據《新唐書・藩鎮傳》并取其他有關諸傳之人其活動範圍在河朔或河朔以外者相參考，發現兩點：一爲其人之民族本是胡類，而非漢族；一爲其人雖爲漢族，而久居河朔，漸染胡化，與胡人無異。「前者屬于種族，後者屬于文化。質言之，唐代安史亂後之世局，凡河朔及其他藩鎮與中央政府之問題，其核心實屬種族文化之關係也。」但是，河北之地，在東漢、曹魏、西晉時乃文化甚高區域，何以至玄宗文治燦爛之世，轉變成了胡化地域？先生設一假説，以爲關鍵在于，安史之徒乃自成一系統而最善戰之民族，在當日軍事上本來無與爲敵者。後來安史霸業雖不成，然其部將始終割據河朔，與中央政府相抗衡，以至于唐亡。以下，乃以大量史料考證安禄山之爲九姓胡（《舊唐書》稱爲雜種胡人）、史思明之爲突厥雜種胡人，及善戰事；更以大量材料歷敍與安、史同時并後來河朔及其他藩鎮胡化事迹，因而作結論云：「李唐最盛之時即玄宗之世，東漢、魏晉、北朝文化最高之河朔地域，其胡化亦已開始。」先生于此謙虚地説：「此點自昔史家鮮有解釋，兹試作一假説，以待將來之確證，然私心殊未敢自信也。」後之史家，其能繼先生之意以爲證否？私心望之。以下，更舉一説，以爲河朔之地胡化若斯，則其地必有胡族之徙入無疑，凡居東北與河朔有關之胡族遷居河朔自有可能，而何以此時河朔竟有多數之中亞胡人來居，書中便又展開了新的考證，舉出中亞胡人的遷來出于三種背景，逐一爲之闡明。論史至此，可謂至矣盡矣。

丙、本篇結語（第六九頁至第七一頁）

唐代三百年間統治階級之變遷升降，即是宇文泰關中本位政策所鳩合集團的興衰及其分化。李唐初期，皇室與其將相大臣幾乎全出于同一系統及階級，李氏主其軸心，其他諸族入爲相，出爲將，自無文武分途之事，而將相大臣與皇室亦爲同類之人，不容别一階級存在。武則天氏族不在關隴集團之内，因欲消滅唐室勢力，遂開始施行破壞此傳統集團之工作，如崇尚進士文詞之科、破格用人及漸毁府兵之制等皆是。此關隴集團遂致分崩墮落（亦有集團本身逐漸衰腐的因素在），至玄宗世全部告成。此時皇室始與外朝之將相大臣即士大夫及將帥屬于不同之階級，而閹寺亦因是變爲一統治階級，擁蔽皇室，與外朝之將相大臣相對抗。關隴集團本融合胡漢文武爲一體，今既别産生一以科舉文詞進用之士大夫階級，則宰相不能不由翰林學士中選出，邊鎮大帥之職捨蕃將莫能勝任，而將相文武蕃漢進用之途，遂分歧不可復合。此皆成于玄宗之世，是以論唐史者必以玄宗之朝爲時代劃分界綫。

振常按：先生在此段末句後有語云：「其事（按指以玄宗朝爲分界綫事）雖爲治國史者所得略知，至其所以然之故，則非好學深思通識古今之君子，不能詳切言之也。」

用意極深，且指明了治學之途。先生所謂古者，指宇文泰以來關中本位政策之沿革變化；先生所謂今者，指玄宗朝之狀況。以古視今，以今證古，方能得其本源，納全局于胸中，明白事物之所以然了。先生治史，一向注意變化之迹，此又一證。

中篇　政治革命及黨派分野（第七二頁至第一八四頁）

本篇論述唐代政治革命有中央政治革命及地方政治革命兩類，安史之亂以前，地方政治革命均不能成功，且無大影響，何故？中央政治革命有成功有失敗，何故？唐代皇位的繼承常不固定，新舊君主接續之交何以往往有宮廷革命？外廷士大夫黨派若牛李等黨如何發生，分野界綫何在？等等一系列問題，條分縷晰，因緣乃明。

甲、宮城北門（玄武門）繫成敗之機（第七二頁至第八五頁）

關中本位政策未破壞之前，凡操持關中主權之政府，即可宰制全國，故政治革命，中央可以成功，地方必失敗。蓋太宗「列置府兵，分置禁衛，大凡諸府八百餘所，而在關中者殆五百焉，舉天下不敵關中，則居重馭輕之意明矣」（《陸宣公奏議·論關中事宜狀》）。內外輕重之形勢，與政治革命之關係如是其然。迨玄宗之世，關中本位政策完全改變，地方政治革命始能成功。然在關中本位政策未變易以前，中央政治革命有成功，亦有失敗，其故又安在？應之曰：「其關鍵實繫于守衛宮城北門禁軍之手，而北門之重要則由于唐代都城建置之形勢使然。」（振常按：先生于此事詳記于《隋唐制度淵源略論稿》，應參）唐代宮城的建置，宮在城北，故北軍爲衛宮之武力，故北門（玄武門）最重要，「唐代歷次中央政治革命之成敗，悉决于玄武門即宮城北門軍事之勝負，而北軍統制之權，實即中央政柄之所寄托也」。以下，書中乃詳述高祖、太宗至中宗、玄宗中央政治革命凡四次，其成敗均以玄武門之得失及屯衛北門禁軍之向背爲關鍵。

振常按：讀史者應認真學習先生在本節的考證，更應認真學習先生小中見大的治史之法。宮城北門，初視之，似無關宏旨。北門之得失，不過戰爭之失地與得地而已，先生竟以其「小」而做出了關乎政治革命成功與失敗這樣一篇大文章。每見西方漢學家爲文，題目與事件往往很小，誠然他們做得很細，有其長處。但是，其結果常是以小見小，而未能見其大。學者欲窺西方漢學之以小見大，甚難，甚難。先生在此做出了典範，詳考宫城北門之建置，小也。詳考之，以歷次政治革命之成敗論證之，乃得其大。這就是大儒與餖飣考據的區别。多年來，史學界常説求歷史發展之規律，爲文之際，究竟何爲規律，還是疑莫能明，從先生的治史，必然有所啓發。此類論證，在先生著作中，隨處可見，更舉一例，如先生論述唐代古文運動之興起，與文學、文化及政治、社會之關係，着眼在大，而着手在小，乃從宋趙彦衛《雲麓漫鈔》唐人行卷温卷之文多爲「文備衆體，可以見詩才、史筆、議論」之傳奇一段材料而詳加考證，生發開去，做出了學人公認的大學問（參拙文《談陳寅恪先生治史》）。讀此書，宜反覆領會之。

乙、皇位繼承之無固定性（第八五頁至第一〇一頁）

安史亂後，中央政變除極少破例及極小限制外，大抵不決之于公開戰争，而表現爲在宫廷之内以争取皇位繼承的形式出之，于是，皇位繼承之無固定性及新舊君主接續之交輒有政變發生，遂爲唐代政治史之一大問題。

以下，即從太宗立嗣之猶豫不决起述，歷記高宗、武后數廢皇儲，中宗、睿宗、玄宗、肅宗、代宗以降，以至德、順，諸朝莫不皆然，皇位繼承皆不能固定，且往往爲此而釀成政變。其尤突出堪異者，如玄宗既以大功立爲皇太子，其皇位繼承仍不固定。其後雖已監國，并受内禪，即皇帝位矣，其皇位仍不安定，必至誅夷太平公主黨徒之後，睿宗迫不得已，放棄全部政權，玄宗之皇位始能安定。代宗雖有收復兩京之功，其繼承皇位，必待宦者李輔國、程元振合謀誅越王係并其黨與方能擁立，自此之後，唐室皇位之決定，乃歸于閹寺之手。閹寺中又分爲黨派，互爲争鬥，皇室子孫無論得繼皇位與否，都不過只是閹寺手中的傀儡工具而已。

振常按：先生此節論述，至于德宗、順宗之交而止，其下順宗、憲宗間著名之永貞内禪事，則以其鬥争爲唐代内廷閹寺黨派與外朝士大夫黨派勾結最顯著的事例，且外廷士大夫最突出的牛李黨争亦在憲宗元和之世發生，是以留待其後以内廷及外朝之黨派關係與皇位繼承二端合併論證。

丙、士大夫黨派分野之界綫(第一〇二頁至第一三七頁)

① 山東士族與關隴集團(第一〇二頁至一一五頁)

唐代統治階級在關中本位政策未破壞前,除了關隴集團,還有一個與之相抗衡的山東士族。這是北朝以來的傳統統治階級,外廷士大夫多出于此類。所謂士族,其最初概念并不專以先代的高官厚禄爲唯一標準,而實由家學和禮法等高出于他姓,如山東士族第一等門第的范陽盧氏,據《魏書·盧玄傳論》,稱爲「其文武功烈,殆無足紀,而見重于時,聲高冠帶,蓋德業儒素有過人者」。此不只限于范陽盧氏,凡兩晉、南北朝的士族盛門,考其原始,幾無不如是。魏晉之際,小族男子以才器著稱,也可以稱爲名士,他的政治、社會地位便和鉅族子弟没有區别;小族女子如果以遵守禮法受到社會尊重,也就可以和高門通婚,并不像後來士族在婚宦二事上專以祖宗官職高下作標準。再舉南朝江左一例,據《舊唐書·袁朗傳》,袁氏是江左冠族,品論人物門户,專注「歷代人賢，名節風教，爲衣冠顧矚」，和張沛所謂的「隴西李亶，天下甲門」的概念不同，袁朗持其概念，評論「山東人尚于婚媾，求于利禄」，是代表六朝初期門第原始本義，張沛之説則代表六朝後期及隋唐時代門第演化通義。所以有「山東之人尚婚婭，江左之人尚人物，關中之人尚冠冕，代北之人尚貴戚」之説。

振常按：觀念之形成因時而異，執其一端，不但不能得通解，且反將誤導。先生以時間變化區别其不同，明乎此方能觀古今世變。

士族特點既在門風優美，不同于凡庶，優美的門風則基于學業的因襲，故士族家世相傳的學業，便與當時政治社會有極重要影響。東漢以來學術與政治的關鎖爲經學，士族之家皆以通經義、勵名行，入仕宦之途徑致身通顯，唐初亦復如此，而在河北即所謂山東地域更爲顯著。這和高宗、武則天及其以後的專尚進士科，以文詞爲清流仕進之唯一途徑大不相同。可以設定這樣一個假説：唐代士大夫中主張經學爲正宗、薄進士爲浮冶的一派，大抵都出于北朝以來山東士族舊家；由進士出身以浮華放浪著稱的一派，多是高宗、武后以來君主所提拔的新興統治階級。其間山東舊族亦有由進士出身，放浪才華的人也或有公卿高門子弟，原因則是舊日士族既已淪替，便與新興階級漸染混同，而新興階級雖已取得統治地位，仍然没有具有山東舊族的禮法門風，其子弟擺脱不了逞才放浪的習氣。易言之，兩種新舊不同的士大夫階級空間時間既非絶對隔離，自不能無傳染薰習之事，但兩者分野的界劃，要必于其社會歷史背景去探討，然後唐代士大夫最大黨派如牛李諸黨之如何構成及其與内廷閹寺之黨派互相勾結利用之隱微本末，纔可以豁然通解。以下，引徵史實，及于李黨首領李德裕及其同類鄭覃父子之重門第，鄙薄進士，再及于山東舊族雖衰，社會潛在影響仍然鉅大，以至于皇室亦難望與山東舊門通婚之例，以證上述兩集團分野的界劃之説。

振常按：上面以較多文字引述了先生的論述，因爲一則由于内容的重要，爲治唐史者所絶不能忽略；二則從本節論述，可以較清楚地瞭解先生治史之神髓：立論從大量事實得來，既懸爲概括性的原則，用之以解題，乃通。先生懸爲通則時，真是各方各面的情况都考慮進去了，博大精深之中具見縝密。

② 牛李黨派分野界劃（第一一五頁至第一三七頁）

振常按：牛（僧孺）李（德裕）黨争爲中唐外廷士大夫最大最有影響爲時最久的黨派門争，兩黨各自結黨營私，互相攻擊，左右朝政，排斥異己，擾攘不休，最高統治者的皇帝亦毫無辦法去解決，以至文宗對侍臣説：「去河北賊非難，去此朋黨實難。」先生論述牛李黨争，不在講明史實經過，學史者在學習先生之論述牛李黨争前，自應先對黨争經過瞭然于胸，然後方能領會先生的論述。先生此講，乃在從兩黨所以結黨、所以互訐的本源，即出身、行事、社會條件、政治背景等去作探索，得出本質的瞭解。昔年從先生學，先生兩年間所授四門課均是按此法講解，如講《元白詩》、《元白劉詩》，其聽講之先決條件，即爲學生對元、白、劉三家之詩皆已熟讀能誦，先生所講者非是詩句之解，而表現爲對歷史、社會、政治背景的闡發，或創作理論上的探討，即是先生最重義理，而義理得之于考據。即使偶作詩句講解，不外乎兩種情況，一是以詩證史，非一般的解句；一是遇上學生很難理解的引喻，不講解難以明白。記憶中先生一次講元稹《悼亡詩》至「唯將終夜長開眼，報答平生未展眉」句，忽問學生：「爲什麽説『終夜長開眼』？」問了數人，均不能答。先生乃講出「鰥魚眼長開，微之以此喻將永作鰥夫終生不再娶」之意。我當時坐第一排正中，正對先生，被第一個問到，囁嚅無詞以答之狀，五十餘年之後猶在眼前。至于以詩證史，在先生的著作中更比比皆是，取《元白詩箋證稿》一書細讀便明。在《唐代政治史述論稿》中，可舉一例。論證「用兵」與「銷兵」爲憲宗朝和穆宗朝不同的政策，李黨贊成用兵，牛黨贊成銷兵，先生提到元稹《連昌宫詞》結句「努力廟謨休用兵」（并參先生論文《連昌宫詞質疑》），以爲「關涉當時政局國策」，即是一例，而元微之亦實爲牛黨也。先生治學講書，皆類此，所以鄭天挺先生深有領會地説，「先生是教授的教授」，倒不是只從形式上指坐聽先生講課者確多各校教授而已。

兩黨分野界劃，約略言之，歸爲以下諸條：

ⓐ 舉李黨陳夷行、鄭覃與牛黨李珏、楊嗣復薦人之異同，指李黨主張以經術進，牛

黨主張以詞彩先。而此時主經術者已成孤立,主詞彩者乃爲地胄,實因進士詞科出身者已成新興階級,政治社會地位日上,而山東舊族如崔皐之家轉成孤寒之族,李珏、楊嗣復之流雖號稱士族,即使并非出自依托,但舊習門風亦淪替殆盡,與以進士詞科進身之新興階級無異。迨拔起寒微之後,用科舉座主門生及同門關係,致身通顯,轉成世家名族,遂不得不崇尚地胄,而拔引孤寒之美名反讓與山東舊族的李德裕了。這是數百年間的一大世變。于是,李德裕大惡新興進士出身之人,指爲以科舉進身互相勾結。接着,舉證多條以證科舉制度下座主門生、同年或同門關係極爲密切之事例。

ⓑ 唐代貢舉,大要可分爲明經、進士兩科,進士科主文詞,明經科專經術,所學之殊,實由門族之異。自高宗、武后以後,朝野皆重進士而輕明經。最爲人知的例子,是元稹以少年明經及第,往訪以歌詩著名、重于縉紳的李賀,僕人不予延見,諷刺地説:「明經及第,何事看李賀?」稹慚恨而退,後以制策登科,爲禮部郎中,乃加報復,議李賀父名晉肅,賀不應舉進士。韓愈《諱辯》爲反駁元稹而作。其他所引資料甚多,不具。

《唐摭言》有「三十老明經，五十少進士」之句，表明二科社會價值之高下。

ⓒ 牛李兩黨在數朝互有進退，對于進士科之好惡崇抑，即因主政者爲何種出身而互異。沈曾植説「牛黨重科舉，李黨重門第」，大致如此，但亦非絶對，兩黨既産生于同一時間，地域又相錯雜，互受影響自不能免。所可注意的有三端：一是在山東士族與進士詞科新興階級之鬥争中，李唐皇室氏族以屬于關隴集團之故，其遠支宗室之政治社會地位已無大别于一般士族，處于中立，既可自牛，亦可自李。二是凡山東舊族挺身與新興階級相鬥者，必此人之家族尚能保有舊時門風家學之特長，而凡門風廢替、家學衰落之破落户，則與新興階級不只没有分别，而且與之同化了。三是凡牛黨或新興階級自稱之門閥多不可信，如杜牧、白居易、令狐楚之述家世。

振常按：以上的分析極爲精深，史事盡入于胸，論證無遺。

ⓓ 進士詞科出身之人，多以放浪著稱，如杜牧。李商隱出自新興階級，應爲牛黨，而婚于李黨，以圖仕進，致爲兩黨不取。

丁、永貞内禪——内廷閹寺與外朝士大夫黨派勾結（第一三七頁至第一六二頁）

振常按：前述皇位繼承之不能固定及甚至釀成政變，至德宗、順宗之交而止，此節補述順宗、憲宗間有關此事内容，即史稱永貞内禪者。于永貞内禪事件之本身，文中不作敍列，而在探求此政治事件之本源，即内廷閹寺與外朝士大夫黨派勾結，永貞内禪即爲此種勾結所釀成。學習此節，應先讀先生之專題論文《〈順宗實録〉與〈續玄怪録〉》（見《金明館叢稿二編》）。這篇論文取韓愈《順宗實録》與李復言《續玄怪録》對照研究，揭出永貞内禪的隱秘。《順宗實録》爲官撰之國史，《續玄怪録》則是江湖舉子投獻的行卷，是一篇傳奇小説，兩者在表面上絶無關連，而先生取而併讀，注意到小説的影射，以探真相。于此，更應注意先生在論文中的一段話：「通論吾國史料，大抵私家纂述易流于誣妄，而官修之書，其病又在多所諱飾，考史事之本末者，苟能于官書及私著等量齊觀，詳辨而慎取之，則庶幾得其真相而無誣諱之失矣。」于官私史書之失作了確論，「詳辨慎取」之教，治史者宜深受之。

所謂永貞内禪，簡言之，即順宗有痼疾不能朝，朝政爲宦官把持，宦官中又分黨派，俱文珍與李忠言各爲其首，互作鬥争，而各與外廷士大夫勾結，王伾、王叔文以至韋執誼、劉禹錫、柳宗元等與李忠言勾結，韓愈則與俱文珍有連。俱文珍脅迫順宗，擁立憲宗，俱黨大盛。内禪之後，延伸到後來，憲宗朝，宦者各派鬥争更烈，終至憲宗爲宦者陳弘志所弑，擁立穆宗，後又牽涉到參與弑憲密謀的郭太后，致郭太后一夕暴崩，史稱爲穆宗指使。一時之間，内廷閹寺各自勾結外廷士大夫，刀光劍影，争鬥不休。永貞内禪是皇位繼承之不固定及内廷閹寺黨派影響于外朝士大夫的顯著事例。閹寺爲主，外朝反射之。

更有一層，牛李黨争即起于憲宗之世。黨争所涉，反映在政治社會的多方面，前節談了兩黨人物出身的不同，而在爲政宗旨上，對藩鎮用兵還是銷兵是一個主要方面。憲宗主張用武力削平藩鎮，重振中央政府威望，李黨大多贊成，牛黨大多反對；在内廷，宦者也同樣分爲贊成與反對兩派。及穆宗立，銷兵之議行，而朝局大變矣。牛李黨之進退，隨用兵與銷兵而不同，此派進，彼派退；彼派進，此派退。所謂朝局大變，即銷兵（裁軍）引起了河朔大亂，奠唐亡之局。雖然銷兵每年限額只有百分之八，爲時又短，由于胡兵善戰，銷（遣散）後合而爲盜，遂爲朱克融、王廷湊所利用，政府無能與敵。這當是内廷外朝這些熱衷于互爲黨派以作鬥争的人所想不到的。

戊、文宗以後士大夫階級與閹寺階級政治上之盛衰分合（第一六二頁至第一八四頁）

先引原書述此節概要：「就牛李黨人在唐代政治史之進退歷程言之，兩黨雖俱有悠久之歷史社會背景，但其表面形式化則在憲宗之世。此後紛亂鬥争，愈久愈烈。至文宗朝爲兩黨參錯并進、競争最劇之時。武宗朝爲李黨全盛時期，宣宗朝爲牛黨全盛時期，宣宗以後士大夫朋黨似已漸次消泯，無復前此兩黨對立、生死搏鬥之迹象，此讀史者所習知也。然試一求問此兩黨競争之歷程何以呈如是之情狀者，則自來史家鮮有解答。鄙意外朝士大夫朋黨之動態即内廷閹寺黨派之反影。内廷閹寺爲主動，外朝士大夫爲被動。閹寺爲兩派同時并進，或某一時甲派進而乙派退，或某一時乙派進而甲派退，則外朝之士大夫亦爲兩黨同時并進，或某一時甲黨進而乙黨退，或某一時乙黨進而甲黨退。迄至後來内廷之閹寺『合爲一片』（此唐宣宗語）全體對外之時，則内廷閹寺與外廷士大夫成爲生死不兩立之仇敵集團，終于事勢既窮，乞援外力，遂同受别一武裝社會階級之宰割矣。」以下稍舉一些事例。

文宗朝李訓、鄭注誅殺宦官，先杖殺陳弘慶（按《新唐書》作陳弘志），再鴆殺王守澄，幾成掃除閹寺之全功，關鍵在于利用閹寺中自分黨派如王守澄與仇士良、韋元素等之例，而當時牛李黨人各有勾結之宦官，李、鄭得以進用本由閹寺，故能洞患隱秘，便欲盡除閹寺。當時閹寺黨派既同時并進，互相争鬥，極爲劇烈，士大夫之黨派便各承其反影，亦復如之。訓、注謀盡掃閹寺，其計不成，終致發生甘露之變，宦官仇士良等劫持文宗，殺諸司使六七百人，捕訓黨千餘人，斬四方館，流血成渠。甘露之變後，如《通鑑》所云，「自是天下事皆決于北司，宰相行文書而已」。皇位繼承更完全決于閹寺之手，外朝宰相只有服從，事例屢屢。文宗、武宗兩朝史料皆足説明。宫掖閹寺既操勝券，皇室子孫作其傀儡，只供犧牲，而士大夫黨派更是閹寺黨派的附屬品，隨其勝敗以爲進退而已。所以如此，皆因北司掌兵，且專宫禁之權也。

文宗大和之世，李訓、鄭注謀盡掃閹寺雖不成，畢竟收效一時，原因在于其時閹寺分爲黨派，至宣宗朝，韋澳欲效李訓、鄭注故技，利用閹人以制閹人，而閹人已「合爲一片」，團結一致，以抗外敵，致宣宗亦以爲韋澳離間閹人之計必無效而不采用。閹寺既已一致對外，在内廷没有了派别，在外朝也反映出没有了黨争，至宣宗末年懿宗初年，外廷士大夫亦仿閹寺「合爲一片」，相與對抗，這纔造成了後來的解决閹寺問題，只能是崔胤借助外來藩鎮兵力去加以殲滅這一個途徑。

下篇　外族盛衰之連環性及外患與内政之關係（第一八五頁至第二三三頁）

甲、外族盛衰之連環性（第一八五頁至第二二一頁）

解題　所謂外族盛衰之連環性，意指某甲外族不獨與唐室統治之中國接觸，同時亦與其他外族發生關係，其他外族崛起或强大，可能導致某甲外族滅亡或衰弱，唐室中國必然受到它的興亡强弱的影響,或是利用這種機緣,或是受到它的禍害。所以,觀察唐代中國和某甲外族的關係,不可限于此某甲民族,而必須通覽諸外族相互的關係,然後中國與四夷更迭盛衰之故始得明瞭,對于唐室的對外措施也纔可以略知其意。换一句話説:中國與其所接觸諸外族之盛衰興廢,常爲多數外族間之連環性,而非中國與某甲外族之單獨性。

振常按:先生觀察問題的方法,不只看單獨相互的關係,還着眼于全局相互的關係,然後可以明局部,亦可以明全局;可以明特殊,也可以明一般。這和我們所常説的辯證地判斷問題之法,若合符節。無知者往往目先生爲資産階級史學權威,而不知先生治史方法之先進。何其陋也!更想到一件事,先生任教成都燕京大學之時,風傳郭沫若要從重慶專程來成都聽課,更有人説,郭沫若以爲先生有唯物史觀。此説確否難辨,然一九四九年之前,郭沫若來聽先生課,是符合歷史的。一九四九年之後,此種可能自然没有了,而先生被稱爲資産階級史學權威,郭沫若則爲新史學權威矣!甚者郭以「壬水庚金龍虎鬥」喻兩人關係。其實先生何曾與郭鬥，「郭聾陳瞽馬牛風」表示爲學之異趣則然（參陸鍵東《陳寅恪的最後二十年》）。一九五八年「厚今薄古」之説興，先生謂「厚今薄古」何以教古代史？乃廢書不教。郭沫若則高舉唱和之旗，爲文曰：「我們在史料占有上，應該超過陳寅恪，當仁不讓師嘛！」異趣顯然，畢竟還承認了陳先生是師，即使是無意之間的吐露。

振常按：宋祁作《新唐書·四夷傳》，敍述次第根據盛衰先後、用兵輕重、唐所由亡，先生即依其意，序列唐室與突厥、吐蕃、回紇、高麗、南詔之關係于首節。又在文首特意標明：唐代武功稱爲吾民族空前盛業，然詳究其所以與某甲外族競争致勝，實不僅由于吾民族自具的精神和物力，也由于某甲外族本身腐朽衰弱有以致之。國人治史者往往忽略此點，先生認爲，這種做法「既有違學術探求真實之旨，且非史家陳述覆轍以供鑑戒之意」，所以下面論述中遇到某外族本身先已衰弱遂成中國勝利的情况，必特爲標出，「以期近真實而供鑑戒」。先生這種做法，既忠實于歷史與學術，又可見先生常從史事感受到的「盛衰之感，興亡之嘆」之真切入裏。

① 突厥（第一八五頁至第一九〇頁）

隋末唐初，亞洲大部民族的主人是突厥，而非華夏。隋末亂離，中國人歸突厥者衆，更成强盛；時僭號稱王者，對突厥皆北面稱臣，李淵也稱臣于突厥。《通典》形容突厥，「東自契丹，西盡吐谷渾、高昌諸國，皆臣之。控弦百萬，戎狄之盛，近代未之有也」。唐太宗十年之後竟能一舉而覆滅突厥，固然由于唐室奮發自强，主因則是突厥境内天災和本身的腐敗，加以鄰族回紇薛延陀之興起。

② 回紇（第一九〇頁至第一九一頁）

回紇自肅宗以後最爲雄大，中國受其害最大。至文宗時，其境内天災黨亂困擾，境外黠戛斯崛起侵之，乃崩潰不振。時中國亦非强盛，回紇之衰，非由唐强。

③ 吐蕃（第一九二頁至第二〇二頁）

吐蕃于唐代中國爲患最大。一是時間長，自貞觀時開始强盛，至大中時瓦解衰弱，爲患唐代約二百年。二是禍害劇烈，史載甚詳。按關中本位政策，全國重心本在西北一隅，唐代極盛之時，不能不竭全國之武力財力積極進取，以開拓西方邊境，統治中央亞細亞，藉保關隴集團之安全爲國策，乃對東北邊境不得已而采維持現狀之消極政略。高宗朝資兩代全盛之勢，歷經艱困，始克高麗，克之而不能守，雖爲東北天時地勢使然，而吐蕃之强盛使唐無餘力顧及東北，要爲最大原因。這就是吐蕃與高麗連環關係的表現。此東北消極政策不獨有關唐代大局，即五代、趙宋數朝之國勢亦因以構成。迨吐蕃衰敗，其役屬之党項别部興起，此党項部後裔西夏，又爲中國邊患，與北宋相終始。

振常按：以上是先生論述吐蕃與唐關係開始兩段文字的綜合要義，目光如炬，論史横通縱貫，西北與東北之對外措施緊緊相關，外患由當代之唐而縱及于五代與北宋，以體例所限，于唐後之事，自不能詳言，但于此則見先生眼光之深遠，爲後之治史者提出了思考之題；而于其時西北與東北之對外關係，先生則于本節及後面論與高麗關係時均詳徵史實作了論述。治史有整體觀，先生于此作了典範，後之學者，可作深思。

中國與吐蕃處于外族交互之複雜環境，而非中國與吐蕃一族單純之關係，故唐室君臣對于吐蕃施行的策略，即利用此諸族相互的關係，即：結合鄰接吐蕃諸外族，以爲環攻包圍之計。《新唐書·南詔傳》記貞元十七年之大破吐蕃，即韋皋聯合南詔以制吐蕃之策生效之故。《舊唐書·韓滉傳》所載，《資治通鑑》記李泌對德宗獻策對付吐蕃的内容，都表明了唐室君臣注意利用中亞、大食以牽制吐蕃。吐蕃破敗，由于天災及内亂，依靠武力，唐室并不足以平定吐蕃。

④ 高麗（第二〇二頁至第二一九頁）

隋煬帝和唐太宗都曾傾全國力量進攻高麗，以失敗告終，高宗則得之而復失，除了爲外族盛衰連環性關係所繫，還有一個天時、地理、人事的因素。中國東北方冀遼之間，雨季在舊曆六七月間，寒凍時期在八九月至翌年二三月，要制服高麗攻取遼東之地，非在凍期已過、雨季未臨的短時間内取得全勝不可。若由海道進攻，則百濟、新羅爲形勢所關之地，不善海戰之華夏民族，非先得百濟以爲根據，難以經略高麗。而百濟又與新羅關係密切，故百濟、新羅之盛衰，直接影響于中國與高麗之爭勝。

考太宗之伐高麗，從貞觀十八年秋冬間做準備，半年之後，即貞觀十九年二月間太宗發洛陽，李世勣集主力于幽州，乃開始出動，原因即在非等到氣候稍暖不能在東北行軍。又歷二月之久，到五月初，李世勣進軍遼東城下，太宗同時渡遼澤，但爲泥淖阻滯達一星期後始與李世勣會師，軍行已嫌緩滯。攻圍遼東城，十二天纔得打下，這時已到晚秋，氣候轉變，糧道不通，只能急速班師。此役無功而返。後來到高宗總章三年，由同一掛帥將領李世勣再度出師，終能成其大功，在于其時高麗既有内亂，進攻策略上復先取得百濟之故。

振常按：先生考太宗征高麗之失敗，極爲精細，認爲此役關於時日先後的記載極爲重要，乃詳引《資治通鑑》之文，而於文中的干支記日都注明現行數字及月建大小盡，便于讀者對時間的長短獲得明確印象。考證所得，弄清了日期，經過研究，因而能得出對高麗出師有天時、地理的重要。進而研究高宗東征的成功，一個非常明確的概念乃能形成。學習先生治史，要學大處，同時要學小處，還得非常細心，這又是一個例證。

⑤ 南詔（第二一九頁至第二二一頁）

前引吐蕃諸條，已可見南詔與其他外族盛衰之連環性的大要，此節只約略談之。中國聯絡南詔，是爲了對付吐蕃，太宗時韋皋帥蜀，定與南詔合攻吐蕃之策，吐蕃漸弱，中國并未增强，而南詔坐大，以至文宗大和三年南詔遂陷邛、戎、雋三州，入掠成都，西川大困。至宣宗末世南詔大爲中國之邊患。

乙、外患與内政之關係（第二二一頁至第二三二頁）

振常按：（一）先生在此節中只是舉出唐代内部政治的一二件大事去論證外患與内政的關係（外患引起内政變化），自是言猶未盡。但是，先生開宗講明，李唐一代和外族的接觸，無論其爲和平抑或戰争，其頻繁都甚于前朝，其影響于宗教文化者，以不在討論的範圍而未論及，但宗教文化的影響則關係極爲重要，先生在其他論著中多有精闢的見解，應加領會，以期接續先生的研究。（二）此節關於府兵制的變遷，甚爲重要，先生在此所言雖簡，已發精義，更應認真閲讀《隋唐制度淵源略論稿》兵制章中先生論府兵制前期問題，方能領會本節的論證。在該稿中，先生完整地精闢地論證了府兵制在西魏、北周的初期和唐代時期的不同，宇文泰的府兵制是兵農分離的，唐代的府兵制則是兵農合一的。以此，先生一舉而揭出了宋代諸大家對此事的錯誤説法。那就是，李繁《鄴侯家傳》據唐代府兵制兵農合一而認爲前代亦如此，司馬光沿用李繁之説，歐陽修概括府兵制二百年之全部，均爲唐之兵農合一，葉適以府兵制二百年無變化，均爲兵農分離。先生在《隋唐制度淵源略論稿》中論此事畢，慨然嘆曰：「宋賢史學，今古罕匹，所以致疏失者，蓋史料缺略，誤認府兵之制二百年間前後一貫，無根本變遷之故耳。」這是對於前賢厚道的説法（要知先生對于天水一朝文化一向評價極高）。先生論此，揭明府兵制有前後期的不同，也并没有根據什麽新史料，何以就能作出正確的結論呢？

①府兵制的廢止（第二二一頁至第二二三頁）

唐代府兵制之異于西魏、北周，即軍府地域内兵農之合一。吐蕃强盛之長久，爲唐代諸外族所不及，其疆土又延包中國西北邊境，故不能不長期久戍以對付之，而非從事農業之更番衛士所得勝任。府兵制乃一變而爲長期兵役制。

②關於和平時期財政經濟（第二二三頁至第二二七頁）

《新唐書・食貨志》云：「回紇有助收西京功，代宗厚遇之，與中國婚姻，歲送馬十萬匹，酬以縑帛百餘萬匹，而中國財力屈竭，歲負馬價。」《舊唐書・回紇傳》載：「（回紇）以馬一匹易絹四十匹。……蕃得帛無厭，我得馬無用，朝廷甚苦之。」馬價成爲當時財政一大問題。

③與中國人民經濟關係（第二二七頁至第二三〇頁）

《新唐書・回紇傳》載：「始回紇至中國，常參以九姓胡，往往留京師，至千人，居貲殖産甚厚。」九姓胡即中亞昭武九姓族類，所謂西域賈胡是也，其假借回紇勢力僑居中國，居貲殖産，殆如某些猶太商人曾假借歐美列强勢力來華通商致富之比耶？而是時多有中國人向回紇人借錢者，大和年間，龍武大將軍李基之子某竟借回紇錢一萬一千二百貫不償，致文宗下詔戒飭，中有句云：「如聞頃來京城内衣冠子弟及諸軍使並商人百姓等，多有舉諸蕃客本錢，歲月稍深，徵索不得，致蕃客停滯市易，不獲及時。」可見其事之普遍和影響之大。

④ 唐之亡（第二三〇頁至第二三二頁）

南詔侵邊，影響唐代財政，龐勛且由此而作亂，可見外患與内亂之關係。唐室戰勝龐勛以及黄巢，皆借沙陀兵，蓋府兵制破壞已久，掊胡兵不能戰。黄巢既破壞東南諸道財富之區，時溥復斷絶南北運輸之汴路，藉東南經濟力量及科舉文化以維持之李唐皇室，遂不得不傾覆矣。史家推迹龐勛之作亂，由于南詔之侵邊，而勛之根據所在適爲汴路之咽喉，故宋子京（祁）曰：「唐亡于黄巢，而禍基于桂林。」

（三）

複習《唐代政治史述論稿》，有如五十二年前課堂受教，雖馬齒日增，已入耄耋之齡，所得所感，能稍多於懞然無知之昔日，畢竟難窺先生浩岸無際之學于萬一。憶當年一次《元白詩》課考試，偶得高分，先生召往談話，囑轉歷史系學習（我只是副修歷史）。時醉心于革命鬥争，乃以「學生不是做學問的人」謝。及後涉世多年，轉入史學一途，每念此事，悔恨無及。今日寫此作業，愧悔之情更增。以下僅就讀先生著作所體會，提出三個方面，期望後繼有作，其在本文第一部分已寫爲按語以表示者不贅。

① 先生此作，寫的是唐代政治史，即具體表現爲政治，而蘊然于胸中，並憑藉以發論者，爲種族與文化，以爲此是唐史關鍵問題。漢唐文化，人所習言。漢唐盛世，並非只是憑藉武功，漢唐之武事並不如後來之清，赫然爲中華子孫所欽慕者，自應首是漢唐文化。然即以唐代而言，其文化何以有如是之盛，何以氣度如是恢宏，何以能包容萬端，皆史所

未能詳言者也。先生發其端，標舉種族與文化之關係，證唐時非以血統論胡人漢人，而應以文化論胡化漢化，一語破的，觀察唐代文化，應省視胡、漢文化之融合。則唐代文化之盛，當能有以窺其所以然之故。繼先生之學，後之治史者，應可以從這個方面去努力。

②抑又有進者，先生在《王觀堂先生輓詞（并序）》中説：「吾中國文化之定義，具于《白虎通》三綱六紀之説，……夫綱紀本理想抽象之物，然不能不有所依托，以爲具體表現之用；其所依托以表現者，實爲有形之社會制度，而經濟制度尤其最要者。」先生研究唐代政治萌發于種族與文化，更着手于唐代典章制度淵源變遷之考察，于是著《隋唐制度淵源略論稿》以爲示範。今之治文化思想史者日衆，其能從先生之教著爲專書，不是抽象空談思想學説，想必是有意義的。

③再有，先生在《唐代政治史述論稿》中論中外民族接觸之關係，以宗教文化非其範圍而未論，然其重要性曾在多篇論著中言及，佛教在唐代思想史上的重要，先生更是所論甚多。僅舉《論韓愈》文爲例，先生既指出新禪宗「提出直指人心見性成佛之旨，

一掃僧徒繁瑣章句之學，摧陷廓清，發聾振聵，固吾國佛教史上一大事也」。復明證韓愈受新禪宗的影響，取《小戴記·大學》一篇，「闡明其説，抽象之心性與具體之政治社會可以融會無礙，即盡量談心説性，兼能濟世安民，雖相反而實相成，天竺爲體，華夏爲用，退之于此以奠定後來宋代新儒學之基礎」。治思想史、宗教史者習知韓愈之學對于宋代理學的影響，而於儒佛關係如果再作深入研究而有淵源變化的通識之作，人所期待。近來，關于宗教史的論著漸多，人們也期待更上一層樓。

先生是一代大師，永爲世法。我們要努力學先生之學，儘管能得先生之學于萬一，已經很難。先生之學與先生之人不可分，尤應學先生之人，即先生一生所堅持以治學的「獨立之精神，自由之思想」，這就更難。然而，「道高猶許後生聞」，雖不能至，心嚮往之。有此立志，也就可貴了。

一九九六年十二月十日

于滬濱半拙齋

自序

寅恪嘗草隋唐制度淵源略論稿，于李唐一代法制諸端，妄有所論述。至于政治史事，以限于體例，未能涉及。兹稿所言則以唐代之政治史爲範圍，蓋所以補前稿之未備也。夫吾國舊史多屬于政治史類，而資治通鑑一書，尤爲空前傑作。今草兹稿，可謂不自量之至！然區區之意，僅欲令初學之讀通鑑者得此參考，或可有所啓發，原不敢謂有唐一代政治史之綱要，悉在此三篇中也。儻承通識君子不誤會創草兹稿之本旨，而糾正其訛謬，何幸如之！

壬午七夕陳寅恪書于桂林良豐雁山别墅。

上篇　統治階級之氏族及其升降

朱子語類壹壹陸歷代類叁云：

唐源流出于夷狄，故閨門失禮之事不以爲異。

朱子之語頗爲簡略，其意未能詳知。然即此簡略之語句亦含有種族及文化二問題，而此二問題實李唐一代史事關鍵之所在，治唐史者不可忽視者也。茲請先論唐代三百年統治階級中心皇室之氏族問題，然後再推及其他統治階級之種族及文化問題。

若以女系母統言之，唐代創業及初期君主，如高祖之母爲獨孤氏，太宗之母爲竇氏，即紇豆陵氏，高宗之母爲長孫氏，皆是胡種，而非漢族。故李唐皇室之女系母統雜有胡族血胤，世所共知，不待闡述，茲所論者專以男系父統之氏族爲範圍也。

唐之皇室本有自撰之譜牒，原書今不可見。然如册府元龜及兩唐書等唐皇室先世淵源之記載固出自李唐皇室自撰之譜牒，即唐太宗御撰之晉書亦唐皇室自述其氏族淵源之要籍。故兹依據此類唐室自敘其家世之著述，復取其他史料互相參證，以討論此問題焉。

李唐世系之紀述，其見于册府元龜壹帝王部帝系門、舊唐書壹高祖紀、新唐書壹高祖紀、北史壹百序傳及晉書捌柒涼武昭王傳等書者，皆不及新唐書柒拾上宗室世系表所載之詳備，今即依此表與其他史料討論之。表云：

（李）歆字士業，西涼後主。八子：勗、紹、重耳、弘之、崇明、崇産、崇庸、崇祐。重耳字景順，以國亡奔宋，爲汝南太守。後魏克豫州，以地歸之，拜恒農太守，復爲宋將薛安都所陷。

後魏安南將軍豫州刺史，生獻祖宣皇帝諱熙，字孟良，後魏金門鎮將（舊唐書壹高祖紀云：「率豪傑鎮武川，因家焉。」新唐書壹高祖紀同）。生懿祖光皇帝，諱天賜，字德真。三子：長曰起頭，長安侯。生達摩，後周羽林監太子洗馬長安縣伯。次曰太祖（虎），次曰乞豆。

此表所載必出唐室自述其宗系之舊文。兹就其所紀李重耳、李熙父子事實，分析其内容，除去其爲西凉李暠之正支後裔一事以外，尚有七事，條列于下：

（一）其氏爲李。

（二）父爲宋汝南太守。

（三）後魏克豫州，父以地歸之。

（四）父爲後魏恒農太守。

（五）父爲宋將薛安都所陷，即所擒。

（六）父爲後魏安南將軍豫州刺史。

（七）子爲後魏金門鎮將。

考宋書伍文帝紀云：

（元嘉）二十七年二月辛巳索虜寇汝南諸郡，陳、南頓二郡太守鄭琨，汝陽、潁川二郡太守郭道隱委守走。索虜攻懸瓠城,行汝南郡事陳憲拒之。

又同書柒貳南平穆王鑠傳云:

索虜大帥拓拔燾南侵陳潁,遂圍懸瓠城,太守陳憲保城自固。

又同書柒柒柳元景傳略云:

(元嘉)二十七年八月(隨王)誕遣振威將軍尹顯祖出貲谷,奮武將軍魯方平、建武將軍薛安都、略陽太守龐法起入盧氏。(中略)。(閏)十月法起、安都、方平諸軍入盧氏。(中略)。法起諸軍進次方伯㿻,去弘農城五里。(中略)。諸軍造攻具,進兵城下。僞弘農太守李初古拔嬰城自固,法起、安都、方平諸軍鼓噪以陵城。(中略)。安都軍副譚金、薛係孝率衆先登,生禽李初古拔父子二人。(中略)。殿中將軍鄧盛、幢主劉駼亂使人入荒田,招宜陽人劉寬糾,率合義徒二千餘人,共攻金門隖,屠之。殺戍主李買得,古拔子也,爲虜永昌王長史,勇冠戎類。永昌聞其死,若失左右手。

又同書玖伍索虜傳略云：

（元嘉）二十七年，燾自率步騎十萬寇汝南。（中略）。宣威將軍陳、南頓二郡太守鄭琨（文帝紀作琨），綏遠將軍汝南、潁川二郡太守郭道隱并棄城奔走。虜掠抄淮西六郡，殺戮甚多。攻圍懸瓠城，城內戰士不滿千人。先是，汝南、新蔡二郡太守徐遵之去郡，南平王遣左軍行參軍陳憲行郡事，憲嬰城固守。（中略）。燾遣從弟永昌王庫仁真步騎萬餘將所略六郡口北屯汝陽。（中略）。太祖嘉憲固守，詔曰：「右軍行參軍行汝南、新蔡二郡軍事陳憲盡力捍衛，全城摧寇，忠敢之效宜加顯擢，可龍驤將軍汝南、新蔡二郡太守！」

又魏書陸壹薛安都傳云：

後自盧氏入寇弘農，執太守李拔等，遂逼陝城。時秦州刺史杜道生討安都，仍執拔等南遁。及世祖（拓拔燾）臨江，拔乃得還。

據上引史實，則父稱李初古拔，子稱李買得，名雖類胡名，姓則爲漢姓，其氏既爲李，是與上列第一條適合。李初古拔爲弘農太守，弘農即恒農，後魏以避諱故改稱恒農，是與第四條適合。李初古拔爲宋將薛安都所擒，是與第五條適合。宋書柳元景傳言：「生禽李初古拔父子」，魏書薛安都傳言：「執李拔等，仍執拔等南遁。及世祖臨江，拔乃得還」，則李初古拔當不止一子，殆買得死難，以弟或兄代領其職，今不能確知。但册府元龜壹帝王部帝系門及兩唐書壹高祖紀等書李熙率豪傑鎮武川因而留居之記載，乃後來宇文泰所改造，并非事實，俟後詳論之。總之，李熙爲金門鎮將，李買得亦爲金門隖戍主，地理專名如是巧同，亦可認爲與第七條適合，至于北魏諸鎮設置之時代及其地望等問題則別爲一事，非兹所討論者也。又第二條李重耳爲宋汝南太守一事，徵諸上引史實，絶不可能。蓋既言：「爲宋將薛安都所陷」，其時必在元嘉二十七年。當時前後宋之汝南太守其姓名皆可考知，郭道隱則棄城走，徐遵之則去郡，陳憲則先行郡事，後以守城功擢補實官。故依據時日先後，排比推計，實無李重耳可爲宋汝南太守之餘地。據宋書柳元景傳言：「李買得爲永昌王長史，永昌聞其死，若失左右手」，則李氏父子與永昌王關係密切可以推知。宋書索虜傳又言：「永昌王北屯汝陽」，考資治通鑑繫永昌王屯汝陽事于元嘉二十七年三月，繫李初古拔被擒事于元嘉二十七年閏十月，而汝陽縣本屬汝南郡，後别分爲汝陽郡者，故以時日先後、地理接近及人事關係論，李初古拔殆于未被擒以前曾隨永昌王屯兵豫州之境，因有汝南太守之授。然則此唐室譜牒所言之汝南太守實非宋之汝南太守，乃由魏之汝南太守所修改而成者也。第六條之安南將軍豫州刺史當即與第二條有關，檢册府元龜壹帝王部帝系門之文，豫州刺史之上有「贈」字，是豫州刺史乃後來追贈之官，故于此不成問題，可不討論矣。魏書薛安都傳言：「（安都）仍執（李）拔等南遁。及世祖臨江，拔乃得還」，是李初古拔原有自北至南復自南還北一段因緣，李唐自述先世故實，竟或因此加以修改，以傅會李重耳之由北奔南，又由南歸北耶？幸賴其與他種記載符合及矛盾，留一罅隙，千載而後遂得以發其覆也。

復次，魏書薛安都傳之李拔即宋書柳元景傳李初古拔之省稱及雅名。梁書伍陸侯景傳載景之祖名周，而南史捌拾侯景傳作羽乙周，正與此同例。蓋胡人名字原是對音，故成繁鄙，異于華夏之雅稱，後代史官屬文，因施刪略。夫侯景稱帝，七世廟諱父祖之外皆王偉追造（見梁書南史侯景傳），天下後世傳爲笑談。豈知李唐皇室先世之名字亦有與此略相類似者乎？又據魏書肆貳薛辯傳附長子初古拔傳（北史叁陸薛辯傳同）云：

> 長子初古拔，一曰車輅拔（北史輅作轂），本名洪祚，世祖賜名。

同書叁貳高湖傳亦附載高各拔之名。然則初古拔或車輅拔乃當日通常胡名，頗疑李初古拔如其同時薛洪祚之例，亦本有漢名，特以胡名著稱于史耳。

總而言之，前所列之七條，第一、第四、第五、第七四條之中，李重耳父子事實皆與李初古拔父子事實適合。第六條乃第二條之附屬，無獨立性質，可不別論。第二條、第三條實互相關連，第五條既言：「爲宋將薛安都所陷」，則元嘉二十七年南北交兵之際李氏父子必屬于北，而不屬于南，否則何得謂爲宋將所擒？故今易原文之劉宋爲後魏，則第二、第三條之事實不獨不與其他諸條相反，而且與之相成。況其他諸條中涵有「元嘉二十七年」一定之時間、「李氏」「薛安都」之姓名專名、「弘農」「金門」之地理專名，而竟能兩相符應，天地之間似無如此偶然巧值之事。故今假定李唐爲李初古拔之後裔，或不至甚穿鑿武斷也。

抑更有可論者，據唐會要壹帝號條上云：

獻祖宣皇帝諱熙（凉武昭王暠曾孫、嗣凉王歆孫、弘農太守重耳之子也）。武德元年六月二十二日追尊爲宣簡公，咸亨五年八月十五日追尊宣皇帝，廟號獻祖，葬建初陵（在趙州昭慶縣界，儀鳳二年五月一日追封爲建昌陵，開元二十八年七月十八日詔改爲建初陵）。

懿祖光皇帝諱天賜（宣皇帝長子）。武德元年六月十二日追尊懿王，咸亨五年八月十五日追尊光皇帝，廟號懿祖，葬啓運陵（在趙州昭慶縣界，儀鳳二年五月一日追封爲延光陵，開元二十八年七月十八日詔改爲啓運陵）。

元和郡縣圖志壹柒(參閲舊唐書叁玖地理志,及新唐書叁玖地理志趙州昭慶縣條):

趙州。

昭慶縣,本漢廣阿縣,屬鉅鹿郡。

皇十三代祖宣皇帝建初陵。高四丈,周回八十丈。

皇十二代祖光皇帝啓運陵。高四丈,周回六十步。二陵共塋,周回一百五十六步。在縣西南二十里。

册府元龜壹帝王部帝系門略云:

唐高祖神堯皇帝姓李氏,隴西狄道人。其先出自李暠,是爲凉武昭王,薨,子歆嗣位,爲沮渠蒙遜所滅。歆子重耳奔于江南,仕宋爲汝南郡守,復歸于魏,拜弘農太守,贈豫州刺史。生熙,起家金門鎮將。後以良家子鎮于武川,都督軍戎百姓之務,終于位,因家焉。生天賜,仕魏爲幢主,大統時贈司空。生太祖景皇帝虎,封趙郡公,徙封隴西公;周受魏禪,録佐命功,居第一,追封唐國公。生世祖元皇帝昞,在位十七年，封汝陽縣伯，襲封隴西公；周受禪，襲封唐國公。高祖即元皇帝之世子，母曰元貞皇后，七歲襲封唐國公，義寧二年受隋禪。

今河北省隆平縣尚存唐光業寺碑，碑文爲開元十三年宣義郎前行象城縣尉楊晉所撰，前中央研究院歷史語言研究所藏有拓本，頗殘闕不可讀。兹取與黄彭年等修畿輔通志壹柒肆古迹略所載碑文相參校，而節録其最有關之數語于下：

（上略）皇祖瀛州刺史宣簡公謹追上尊號，謚宣皇帝，皇祖妣夫人張氏追上尊號，謚宣莊皇后。皇祖懿王謹追上尊號，謚光皇帝，皇祖妣妃賈氏謹追上尊號，謚光懿皇后（中略）。詞曰：維王桑梓，本際城池（下略）。

案：李熙、天賜父子共塋而葬，即族葬之一證。光業寺碑頌詞復有「維王桑梓」之語，則李氏累代所葬之地即其家世居住之地，絶無疑義，而唐皇室自稱其祖留居武川之説可不攻自破矣。又據魏書壹佰陸上地形志南趙郡廣阿縣條、隋書叁拾地理志趙郡大陸縣條及元和郡縣圖志壹柒趙州昭慶縣條等，知李氏父子葬地舊屬鉅鹿郡，與山東著姓趙郡李氏居住之舊常山郡壤地鄰接，李虎之封趙郡公當即由于此也。又漢書貳捌地理志載中山國唐縣有堯山，魏書壹佰陸上地形志載南趙郡廣阿縣即李氏父子葬地復有堯臺。李虎死後，追封唐國公，蓋止取義于中山、鉅鹿等地所流傳之放勛遺迹，并非如通常廣義兼該太原而言也。至大唐創業起居注所云：

初，帝奉詔爲太原道安撫大使，帝以太原黎庶陶唐舊民，奉使安撫不逾本封，因私喜此行以爲天意。

則爲後來依附通常廣義之解釋，殊與周初追封李虎爲唐國公時暗示其與趙郡相關之本旨不同也。然則李唐豈真出于趙郡耶？若果爲趙郡李氏，是亦華夏名家，又何必假稱出于隴西耶？考元和郡縣圖志壹伍云：

邢州。

堯山縣，本曰柏人，春秋時晉邑，戰國時屬趙，秦滅趙，屬鉅鹿郡，後魏改「人」爲「仁」，天寶元年改爲堯山縣。

又同書壹柒云：

趙州。

平棘縣，本春秋時晉棘蒲邑，漢初爲棘蒲，後改爲平棘也，屬常山郡。

李左車墓在縣西南七里。

趙郡李氏舊宅在縣南二十里，即後魏以來山東舊族也，亦謂之三巷李家云。東祖居巷之東，南祖居巷之南，西祖居巷之西，亦曰三祖宅巷也。三祖李氏亦有地屬

高邑縣。

元氏縣，本趙公子元之封邑，漢于此置元氏縣，屬常山郡，西漢常山太守皆理于

元氏。

開業寺，在縣西北十五里，即後魏車騎大將軍陝定二州刺史尚書令司徒公趙郡李徽伯之舊宅也。

柏鄉縣，本春秋時晉鄗邑之地，漢以爲縣，屬常山郡，後漢改曰高邑，屬常山國，齊

天保七年移高邑縣于漢房子縣東北界，今高邑縣是也。
高邑縣故城在縣北二十一里，本漢鄗縣地也。
高邑縣，本六國時趙房子之地，漢以爲縣，屬常山郡。
贊皇縣，本漢鄗邑縣之地，屬常山郡。
百陵崗，在縣東十里，即趙郡李氏之別業于此崗下也，崗上亦有李氏塋冢甚多。
昭慶縣，本漢廣阿縣，屬鉅鹿郡。
皇十三代祖宣皇帝建初陵。
皇十二代祖光皇帝啓運陵，二陵共塋，在縣西南二十里。（昭慶縣條前已引及，爲便于解説起見，特重出其概略于此。）

元和郡縣圖志著者李吉甫出于趙郡李氏，故關於其宗族之先塋舊宅皆詳載之，若一取其分布之地域核之，則趙郡李氏其顯著支派所遺留之故蹟，俱不出舊常山郡之範圍。據此，則趙郡李氏顯著支派當時之居地可以推知也。但其衰微支派則亦有居舊鉅鹿郡故疆者，考北史叁叁李孝伯傳末附載趙郡李氏世系一節（新唐書柒貳宰相世系表趙郡李氏條及鄧名世古今姓氏書辨證貳壹同）云：

楷避趙王倫之難，徙居常山。楷子輯，輯子慎、敦，居柏仁，子孫甚微。

案柏仁、廣阿二縣，後魏時俱屬南趙郡，土壤鄰接，實可視爲一地域。趙郡李氏子孫甚微之一支，其徙居柏仁之時代雖未能確定，然李楷避西晉趙王倫之難，下數至其孫慎及敦，僅有二代，則李慎、李敦徙居柏仁，約在江左東晉之時。李熙父子俱葬于廣阿，計其生時亦約當南朝宋齊之世，故以地域鄰接及時代先後二者之關係綜合推論，頗疑李唐先世本爲趙郡李氏柏仁一支之子孫，或者雖不與趙郡李氏之居柏仁者同族，但以同姓一姓同居一地之故，遂因緣攀附，自托于趙郡之高門，衡以南北朝庶姓冒稱士族之慣例，殊爲可能之事。總而言之，據可信之材料，依常識之判斷，李唐先世若非趙郡李氏之「破落户」，即是趙郡李氏之「假冒牌」。至于有唐一代之官書，其紀述皇室淵源間亦保存原來真實之事迹，但其大部盡屬後人諱飾誇誕之語，治史者自不應漫無辨别，遽爾全部信從也。

又魏書玖玖私署涼王李暠傳本不載重耳南奔始末，傳世之十六國春秋纂録陸西涼録亦無其事。而湯球之十六國春秋輯補轉取唐修晉書之涼武昭王傳添此一段蛇足（見湯書敍例），殊爲無識。今敦煌本之十六國春秋殘卷惜未得見，不知與此有關否？至於僞本十六國春秋載重耳事采自唐修晉書更不足辨論矣。

復次，周書肆明帝紀（北史玖明帝紀同）云：

二年三月庚申詔曰：「三十六國九十九姓，自魏氏南徙，咸稱河南之民。今周室既都關中，宜改稱京兆人。」

隋書叄叄經籍志史部譜序篇序云：

後魏遷洛，有八氏十姓，咸出帝族；又有三十六族，則諸國之從魏者；九十二（九？）姓世爲部落大人者，并爲河南洛陽人。其中國士人則第其門閥，有四海大姓、郡姓、州姓、縣姓；及周太祖入關，諸姓子孫有功者，并令爲其宗長，仍撰譜録，紀其所承，又以關内諸州爲其本望。

據上引史文，嚴格解釋，則隋志之文自「後魏遷洛」至「并爲河南洛陽人」止一節，專指胡人而言，其本末見于魏書壹壹叁官氏志等即魏孝文帝改胡姓爲漢姓之事也。周書、北史周明帝二年（公元五五八年）三月庚申詔書亦指胡人而言，明帝二年在魏孝武帝入關之年（公元五三四年）後二十四年，在西魏恭帝元年（公元五五四年）改有功諸將姓爲胡姓（事見周書貳文帝紀下、北史玖周本紀上）後亦四年，故從入關之遷洛諸胡族其改京兆郡望當在有功諸漢將改關内郡望之後也。

又隋志之文自「其中國士人」至「又以關内諸州爲其本望」止一節，實專指漢人而言。然則李唐之稱西凉嫡裔，即所謂「并令爲其宗長，仍撰譜牒，紀其所承」，其改趙郡郡望爲隴西郡望，即所謂「又以關内諸州爲其本望」，豈非寅恪之假説得此史文而益證實耶？所不解者，昔人于此何以未嘗留意？抑别有其他較勝之説耶？此則深願求教于博識通人也。

復次，唐會要叁皇后條（開元十三年光業寺碑文及巴黎圖書館藏敦煌寫本伯希和號第貳伍拾H唐代祖宗忌日表等均同）云：

宣皇帝（熙）皇后張氏。

光皇帝（天賜）皇后賈氏。

景皇帝（虎）皇后梁氏。

元皇帝（昞）皇后獨孤氏。

據此，張賈皆是漢姓，其爲漢族，當無可疑。梁氏如梁禦之例，雖有出自胡族之嫌疑（見周書壹玖、北史伍玖梁禦傳，又魏書壹壹叁官氏志云：「拔列氏後改爲梁氏」），但梁氏本爲漢姓，大部分皆是漢族，未可以其中有極少數出自胡族之故，遽概括推定凡以梁爲氏者皆屬胡族也。故李虎妻梁氏在未能確切證明其氏族所出以前，仍目之爲漢族，似較妥慎。然則李唐血統其初本是華夏，其與胡夷混雜，乃一較晚之事實也。

茲依據上述資料，作一李唐皇室血統世系表，起自李熙，迄于世民，以備參考。至李重耳則疑本無其人，或是李初古拔之化身，故不列入，以示闕疑之意。凡女統確知爲漢族者，標以□符號；確知爲胡族者，標以～～符號；雖有胡族嫌疑，但在未發見確證，仍可認爲漢族者，則標以……符號。

李熙	天賜	虎	昞	淵	世民
張氏	賈氏	梁氏	獨孤氏	竇氏	長孫氏

茲依據上引資料及其解釋，再將李唐世系先後改易之歷程及胡漢文化問題加以説明。

此世系改易之歷程，實不限于李唐皇室一族，凡多數北朝、隋唐統治階級之家，亦莫不如是，斯實中國中古史上一大問題，亦史學中千載待發而未發之覆也。

自鮮卑拓拔部落侵入中國統治北部之後，即開始施行漢化政策，如解散部落同于編户之類（見北史玖捌魏書壹佰叁高車傳及魏書壹壹叁官氏志等），其尤顯著之例也。此漢化政策其子孫遵行不替，及魏孝文帝遷都洛陽，其漢化程度更爲增高，至宣武、孝明之世，則已達頂點，而逐漸腐化矣。然同時邊塞六鎮之鮮卑及胡化之漢族，則仍保留其本來之胡化，而不爲洛都漢化之所浸染。故中央政權所在之洛陽其漢化愈深，則邊塞六鎮胡化民族對于漢化之反動亦愈甚，卒釀成六鎮之叛亂，爾朱部落乘機而起。至武泰元年（公元五二八年）四月十三日河陰之大屠殺，遂爲胡人及胡化民族反對漢化之公開表示，亦中古史劃分時期之重要事變也。

六鎮鮮卑及胡化漢族既保持胡部特性，而不漸染漢化，則爲一善戰之民族，自不待言。此民族以饑饉及虐政之故激成反抗，南向遷徙，其大部分輾轉移入高歡統治之下（見北齊書壹神武紀上、北史陸齊本紀上、隋書貳肆食貨志）。故歡之武力遂無敵于中原，終藉此以成其霸業。其他之小部分，由賀拔岳、宇文泰率領西徙，割據關隴，亦能抗衡高氏，分得中國西北部之地，成一北朝東西并峙之局，此治史者所習知也。然宇文氏只分有少數之六鎮民族，復局促于關隴一隅之地，終能併吞分有多數六鎮民族及雄據山東富饒區域之高齊，其故自非僅由一二君主之賢愚及諸臣材不材之所致，蓋必别有一全部系統之政策，爲此東西并立之二帝國即周齊兩朝勝敗興亡决定之主因，可以斷言也。

宇文泰率領少數西遷之胡人及胡化漢族割據關隴一隅之地，欲與財富兵强之山東高氏及神州正朔所在之江左蕭氏共成一鼎峙之局，而其物質及精神二者力量之憑藉，俱遠不如其東南二敵，故必别覓一塗徑，融合其所割據關隴區域内之鮮卑六鎮民族，及其他胡漢土著之人爲一不可分離之集團，匪獨物質上應處同一利害之環境，即精神上亦必具同出一淵源之信仰，同受一文化之薰習，始能内安反側，外禦强鄰。而精神文化方面尤爲融合複雜民族之要道。在此以前，秦苻堅、魏孝文皆知此意者，但秦魏俱欲以魏晉以來之漢化籠罩全部複雜民族，故不得不亟于南侵，非取得神州文化正統所在之江東而代之不可，其事既不能成，僅餘一宇文泰之新塗徑而已。此新塗徑即就其割據之土依附古昔，稱爲漢化發源之地（魏孝文之遷都洛陽，意亦如此，惟不及宇文泰之徹底，故仍不忘南侵也），不復以山東江左爲漢化之中心也，其詳具于拙著隋唐制度淵源略論稿，兹不贅論。此宇文泰之新塗徑今姑假名之爲「關中本位政策」，即凡屬于兵制之府兵制及屬于官制之周官皆是其事。其改易隨賀拔岳等西遷有功漢將之山東郡望爲關內郡望，別撰譜牒，紀其所承（見前引隋書叁叁經籍志譜序篇序），又以諸將功高者繼塞外鮮卑部落之後（見周書貳文帝紀下及北史玖周本紀上西魏恭帝元年條等），亦是施行「關中本位政策」之例證，如欲解決李唐氏族問題當于此中求之也。

概括言之，宇文泰改易氏族之舉，可分先後二階段：第一階段則改易西遷關隴漢人中之山東郡望爲關內郡望，以斷絕其鄉土之思（初止改易漢人之山東郡望，其改易胡人之河南郡望爲京兆郡望，則恐尚在其後，見前引周書肆明帝紀及北史玖周本紀上明帝二年三月庚申詔書），并附會其家世與六鎮有關，即李熙留家武川之例，以鞏固其六鎮團體之情感。此階段當在西魏恭帝元年（公元五五四年）復魏孝文帝所改鮮卑人之胡姓及賜諸漢將有功者以胡姓之前，凡李唐改其趙郡郡望爲隴西，僞託西凉李暠之嫡裔及稱家于武川等，均是此階段中所爲也。第二階段即西魏恭帝元年詔以諸將之有功者繼承鮮卑三十六大部落及九十九小部落之後，凡改胡姓諸將所統之兵卒亦從其主將之胡姓，逕取鮮卑部落之制以治軍，此即府兵制初期之主旨（詳見拙著隋唐制度淵源略論稿兵制章，兹不贅論）。李唐之得賜姓大野，即在此階段中所爲也。至周末隋文帝專周政，于大象二年（公元五八二年）十二月癸亥回改胡姓復爲漢姓，其結果只作到回復宇文氏第二階段之所改，而多數氏族仍停留于第一階段之中，此李唐所以雖去大野之胡姓，但仍稱隴西郡望及冒托西凉嫡裔也。職是之故，北朝、隋唐史料中諸人之籍貫往往紛歧，如與李唐先世同列八大柱國之李弼一族，周書壹伍李弼傳、舊唐書伍叁李密傳（密爲弼之曾孫）壹叁拾李泌傳（泌爲弼之六代孫），及新唐書柒貳上宰相世系表俱以爲遼東襄平人，而北史陸拾李弼及曾孫密傳、文苑英華玖肆捌魏徵撰李密墓志銘則以爲隴西成紀人。蓋公私著述敍及籍貫或僅據回復至第一階段立言，或逕依本來未改者爲説，斯其所以彼此差異也。但隋唐兩朝繼承宇文氏之遺業，仍舊施行「關中本位政策」，其統治階級自不改其歧視山東人之觀念（見舊唐書柒捌、新唐書壹佰肆張行成傳）。故隋唐皇室亦依舊自稱弘農楊震、隴西李暠之嫡裔，僞冒相傳，迄于今日，治史者竟無一不爲其所欺，誠可嘆也（據新唐書柒壹下宰相世系表楊氏條，隋皇室自稱爲弘農楊震長子牧之後。此即隋書經籍志所謂「令爲其宗長，仍撰譜牒，紀其所承，又以關内諸州爲其本望」者。以非本篇範圍，故不詳論，讀者可以依據有關史料類推也）。

復次，漢人與胡人之分别，在北朝時代文化較血統尤爲重要。凡漢化之人即目爲漢人，胡化之人即目爲胡人，其血統如何，在所不論。兹舉二例以證明之：

北齊書貳肆杜弼傳（北史伍伍杜弼傳同）云：

顯祖（高洋）嘗問弼云：「治國當用何人？」對曰：「鮮卑車馬客，會須用中國人。」

顯祖以爲譏己。

夫高齊無論其母系血統屬于何種，但其自稱及同時之人均以爲其家世出自渤海蓨縣，固當日華夏之高門也。至于其所漸染者則爲胡化，而非漢化。杜弼斥鮮卑，而高洋以爲譏己，是漢人之受胡化者，即自命爲胡人也。

又北史貳捌源賀傳（參考魏書肆壹源賀傳、北齊書伍拾恩倖傳高阿那肱傳，至隋書陸陸源師傳删去「漢兒」二字，殊失當時語意矣）略云：

源賀，西平樂都人，私署河西王秃髮傉檀之子也。傉檀爲乞伏熾盤所滅，賀自樂都奔魏，太武素聞其名，謂曰：「卿與朕同源，因事分姓，今可爲源氏。」（寅恪案：鮮卑秃髮部即拓拔部，一語異譯，故拓拔燾謂之同源也。）

（玄孫）師仕齊爲尚書左外兵郎中，又攝祠部。後屬孟夏，以龍見請雩。時高阿那肱爲録尚書事，謂爲真龍出見，大驚喜，問龍所在，云作何顔色。師整容云：「此是龍星初見，依禮當雩祭郊壇，非謂真龍别有所降。」阿那肱忿然作色曰：「漢兒多事，强知星宿。祭事不行。」

夫源師乃鮮卑秃髮氏之後裔，明是胡人無疑，而高阿那肱竟目之爲漢兒，此爲北朝漢人、胡人之分别，不論其血統，只視其所受之教化爲漢抑爲胡而定之確證，誠可謂「有教無類」矣。

又此點爲治吾國中古史最要關鍵，若不明乎此，必致無謂之糾紛。資治通鑑壹柒壹陳宣帝太建五年，亦紀此事，胡注云：

> 諸源本出于鮮卑秃髮，高氏生長于鮮卑，自命爲鮮卑，未嘗以爲諱，鮮卑遂自謂貴種，率謂華人爲漢兒，率侮詬之。諸源世仕魏朝貴顯，習知典禮，遂有雩祭之請，冀以取重，乃以取詬。通鑑詳書之，又一嘅也。

梅磵之説固是，又其言别有所感，然于北朝漢胡種族文化之問題似猶不免未達一間也。

李唐皇室者唐代三百年統治之中心也，自高祖、太宗創業至高宗統御之前期，其將相文武大臣大抵承西魏、北周及隋以來之世業，即宇文泰「關中本位政策」下所結集團體之後裔也。自武曌主持中央政權之後，逐漸破壞傳統之「關中本位政策」，以遂其創業垂統之野心。故「關中本位政策」最主要之府兵制，即于此時開始崩潰，而社會階級亦在此際起一升降之變動。蓋進士之科雖創于隋代，然當日人民致身通顯之塗徑并不必由此。及武后柄政，大崇文章之選，破格用人，于是進士之科爲全國干進者競趨之鵠的。當時山東、江左人民之中，有雖工于爲文，但以不預關中團體之故，致遭屏抑者，亦因此政治變革之際會，得以上升朝列，而西魏、北周、楊隋及唐初將相舊家之政權尊位遂不得不爲此新興階級所攘奪替代。故武周之代李唐，不僅爲政治之變遷，實亦社會之革命。若依此義言，則武周之代李唐較李唐之代楊隋其關係人群之演變，尤爲重大也。

武周統治時期不久，旋復爲唐，然其開始改變「關中本位政策」之趨勢，仍繼續進行。迄至唐玄宗之世，遂完全破壞無遺。而天寶安史亂後又別産生一新世局，與前此迥異矣。夫「關中本位政策」既不能維持，則統治之社會階級亦必有變遷。此變遷可分中央及藩鎮兩方敍述。其所以須有此空間之區別者，因唐代自安史亂後，名義上雖或保持其一統之外貌，實際上則中央政府與一部分之地方藩鎮，已截然劃爲二不同之區域，非僅政治軍事不能統一，即社會文化亦完全成爲互不關涉之集團，其統治階級氏族之不同類更無待言矣。蓋安史之霸業雖俱失敗，而其部將及所統之民衆依舊保持其勢力，與中央政府相抗，以迄于唐室之滅亡，約經一百五十年之久，雖號稱一朝，實成爲二國。史家述此，不得不分之爲二，其理由甚明也。

又舊唐書壹肆憲宗紀上（參考通鑑貳叁柒元和二年此條胡注及唐會要陸叁修撰條）云：

元和二年十二月己卯，史官李吉甫撰元和國計簿，總計天下方鎮凡四十八，管州府二百九十五，縣一千四百五十三，户二百四十四萬二百五十四，其鳳翔、鄜坊、邠寧、振武、涇原、銀夏、靈鹽、河東、易定、魏博、鎮冀、范陽、滄景、淮西、淄青十五道凡七十一州，不申户口。每歲賦入倚辦止于浙江東西、宣歙、淮南、江西、鄂岳、福建、湖南等八道，合四十九州，一百四十四萬户。比量天寶供税之户則四分有一，天下兵戎仰給縣官者八十三萬，然人比量天寶士馬，則三分加一，率以兩户資一兵，其他水旱所損，徵科發斂又在常役之外。吉甫都纂其事，成書十卷。

同書壹玖下僖宗紀略云：

光啓元年三月丁卯車駕（自蜀）至京師，時李昌符據鳳翔，王重榮據蒲陝，諸葛爽據河陽、洛陽，孟方立據邢洺，李克用據太原、上黨，朱全忠據汴滑，秦宗權據許蔡，時溥據徐泗，朱瑄據鄆齊、曹濮，王敬武據淄青，高駢據淮南八州，秦彦據宣歙，劉漢宏據浙東，皆自擅兵賦，迭相吞噬，朝廷不能制。江淮轉運路絶，兩河、江淮賦不上供，但歲時獻奉而已。國命所能制者，河西、山南、劍南、嶺南四道數十州。大約郡將自擅，常賦殆絶，藩侯廢置，不自朝廷，王業于是蕩然。

寅恪案：李吉甫所撰元和國計總簿雖在元和初年，然自安史亂後起，迄于唐亡，其所列中央政府財賦取辦之地域大致無甚殊異。唐代自安史亂後，長安政權之得以繼續維持，除文化勢力外，僅恃東南八道財賦之供給。至黄巢之亂既將此東南區域之經濟幾全加破壞，復斷絶汴路、運河之交通，而奉長安文化爲中心、仰東南財賦以存立之政治集團，遂不得不土崩瓦解。大唐帝國之形式及實質，均于是告終矣。

在此奉長安文化爲中心、恃東南財賦以存立集團之中，其統治階級爲此集團所占據地域内之二種人：一爲受高深文化之漢族，且多爲武則天專政以後所提拔之新興階級，所謂外廷之士大夫，大抵以文詞科舉進身者也；一爲受漢化不深之蠻夷，或蠻夷化之漢人，故其人多出自邊荒區域。凡自玄宗朝迄唐亡，一百五十年間身居内廷，實握政治及禁軍之權者皆屬此族，即閹寺之特殊階級是也。

自武則天專政破格用人後，外廷之顯貴多爲以文學特見拔擢之人。而玄宗御宇，開元爲極盛之世，其名臣大抵爲武后所奬用者（參考舊唐書壹叁玖陸贄傳、新唐書壹伍貳李絳傳、陸宣公奏議柒請許臺省長官舉薦狀及李相國論事集等）。及代宗大曆時常衮當國，非以辭賦登科者莫得進用。自德宗以後，其宰相大抵皆由當日文章之士由翰林學士升任者也。請舉史實以證之：

通典壹伍選舉典叁載沈既濟之言略云：

初國家自顯慶以來，高宗聖躬多不康，而武太后任事，參决大政，與天子并。太后頗涉文史，好雕蟲之藝，永隆中始以文章選士。及永淳之後太后君臨天下二十餘年，當時公卿百辟無不以文章達，因循日久寖以成風。至于開元、天寶之中，太平君子唯門調户選，徵文射策，以取禄位，此行已立身之美者也。父教其子，兄教其弟，無所易業，大者登臺閣，小者任郡縣，資身奉家，各得其足，五尺童子耻不言文墨焉。其以進士爲士林華選，四方觀聽希其風采，每歲得第之人不浹辰而周聞天下，故忠賢雋彦、韞才毓行者咸出于是。而桀姦無良者或有焉，故是非相陵，畝稱相騰，或扇結鈎黨，私爲盟毁，以取科第，而聲名動天下，或鈎摭隱匿，嘲爲篇咏，以列于道路，迭爲談訾，無所不至焉。

據此，可知進士之科雖設于隋代，而其特見尊重，以爲全國人民出仕之唯一正途，實始于唐高宗之代，即武曌專政之時。及至玄宗，其局勢遂成凝定，迄于後代，因而不改。故科舉制之崇重與府兵制之破壞俱起于武后，成于玄宗。其時代之符合，决非偶然也。但以事關府兵制度，兹不具論（見拙著隋唐制度淵源略論稿兵制章及玉海壹叁捌兵制叁所引鄴侯家傳）。至王定保以爲進士之科「甲于貞觀」（唐摭言壹述進士上篇），及「進士科盛于貞觀永徽之際」（同書同卷散序進士條），則稽之史實，有所未合。其言不及沈氏之可信，無待論也。

舊唐書壹壹玖常衮傳云：

> 尤排擯非辭賦登科者。

同書同卷崔祐甫傳云：

> 常衮當國，非以辭賦登科者莫得進用。

同書肆叁職官志翰林院條略云：

> 玄宗即位，張説、張九齡等召入禁中，謂之翰林待詔。四方進奏，中外表疏批答，或詔從中出，宸翰所揮，亦資其檢討，謂之視草。故嘗簡當代士人，以備顧問。至德已後，天下用兵，軍國多務，深謀密詔皆從中出，尤擇名士爲翰林學士，得充選者，文士爲榮。亦如中書舍人例置學士六人，内擇年深德重者一人爲承旨，所以獨承密命故也。德宗好文，尤難其選，貞元已後爲學士承旨者，多至宰相焉。

元氏長慶集伍壹翰林承旨學士記略云：

憲宗章武皇帝以永貞元年即大位，始命鄭公（鄭絪）爲承旨學士，位在諸學士上。十七年間由鄭至杜（杜元穎）十一人，而九參大政。

白氏長慶集伍玖李留守相公（李絳）見過池上泛舟舉酒話及翰林舊事因成四韵以獻之詩（參考容齋續筆貳元和六學士條）云：

同時六學士，五相一漁翁。

據此，可知唐代自安史亂後，其宰相大抵爲以文學進身之人。此新興階級之崛起，乃武則天至唐玄宗七八十年間逐漸轉移消滅宇文泰以來胡漢六鎮民族舊統治階級之結果。若取新唐書宰相表及宰相世系表與列傳所載其人之家世籍貫及出身等互相參證，于此三百年間外廷士大夫階級廢興轉移之大勢尤易明瞭也。至此由文學科舉進身之新興階級與魏晉、北朝以來傳統舊士族之關係，則于論黨派時詳述之，兹不涉及焉。

唐代自玄宗後，政柄及君權漸轉入閹寺之手，終至皇位之繼承權歸其決定，而内朝之禁軍外廷之宰相，俱供其指揮，由之進退，更無論矣。其詳當于中篇論政治革命及黨派分野時述之，兹僅略言其氏族所從出之一端于下：

舊唐書貳拾下哀帝紀云：

天祐二年六月丙申敕：福建每年進橄欖子，此因閹豎出自閩中，牽于嗜好之間，遂成貢奉之典。雖嘉忠藎，伏恐煩勞。今後只供進蠟面茶，其進橄欖子宜停！

新唐書貳佰柒宦者傳吐突承璀傳云：

是時諸道歲進閹兒，號私白，閩嶺最多，後皆任事，當時謂閩爲中官區藪。咸通中杜宣猷爲觀察使，每歲時遣吏致祭其先，時號「敕使墓户」。宣猷卒用群宦力，徙宣歙觀察使。

顧況古詩（據全唐詩第拾函）云：

囝一章。

囝哀閩也。（原注：囝音蹇。閩俗呼子爲囝，父爲郎罷。）

囝生閩方。閩吏得之，乃絶其陽。爲臧爲獲，致金滿屋。爲髡爲鉗，視如草木。天道無知，我罹其毒。神道無知，彼受其福。郎罷別囝，吾悔生汝。及汝既生，人勸不舉。不從人言，果獲是苦。囝別郎罷，心摧血下。隔地及天，及至黄泉，不得在郎罷前。

宦寺多冒養父之姓，其籍貫史籍往往不載，然即就兩唐書宦官及宦者傳中涉及其出生地域或姓氏稀異者觀之，亦可知其梗概也。

舊唐書壹捌肆宦官傳云：

楊思勗本姓蘇，羅州石城人，爲内官楊氏所養，以閹從事内侍省。

高力士，潘州人，本姓馮，少閹，與同類金剛二人聖曆元年嶺南討擊使李千里進入宮。則天嘉其黠慧，令給事左右。後因小過，撻而逐之。内官高延福收爲假子，延福出自武三思家，力士遂往來三思第，歲餘則天復召入禁中。

新唐書貳佰柒宦者傳上云：

魚朝恩，瀘州瀘川人也，天寶末以品官給事黄門。

劉貞亮本俱氏，名文珍，冒所養宦父姓，故改焉。

吐突承璀，閩人也，以黄門值東宫。

仇士良，循州興寧人，順宗時得侍東宫。

楊復光，閩人也，本喬氏，少養于内侍楊玄价。

同書貳百捌宦者傳下云：

田令孜，蜀人也，本陳氏，咸通時歷小馬坊使。

據此，可知唐代閹寺多出自今之四川、廣東、福建等省，在當時皆邊徼蠻夷區域。其地下級人民所受漢化自甚淺薄，而宦官之姓氏又有不類漢姓者，故唐代閹寺中疑多是蠻族或蠻夷化之漢人也。唐代中國疆土之内，自安史亂後，除擁護李氏皇室之區域，即以東南財富及漢化文化維持長安爲中心之集團外，尚别有一河北藩鎮獨立之團體，其政治、軍事、財政等與長安中央政府實際上固無隸屬之關係，其民間社會亦未深受漢族文化之影響，即不以長安、洛陽之周孔名教及科舉仕進爲其安身立命之歸宿。故論唐代河北藩鎮問題必于民族及文化二端注意，方能得其真相所在也。茲先舉二三顯著之例，以見當時大唐帝國版圖以内實有截然不同之二分域，然後再推論其種族與統治階級之關係焉。

杜牧樊川集玖杜故范陽盧秀才墓志云：

秀才盧生名霈，字子中，自天寶後三代或仕燕，或仕趙，兩地皆多良田畜馬，生年二十未知古有人曰周公、孔夫子者，擊毬飲酒，馬射走兔，語言習尚無非攻守戰鬥之事。

通典肆拾職官典末載杜佑建中時所上省用議略云：

今田悦之徒并是庸瓌，暴刑暴賦，唯恤軍戎，衣冠仕（士）人遇如奴虜。

此可以代表河北社會通常情態，其尚攻戰而不崇文教。質言之，即漸染胡化深而漢化淺也。當時漢化之中心在長安，以詩賦舉進士致身卿相爲社會心理群趨之鵠的。故當日在長安文化區域内有野心而不得意之人，至不得已時惟有北走河朔之一途。昌黎集貳拾送董召南游河北序乃世所習誦之文，兹爲闡明長安集團與河北集團政治文化對立之形勢起見，仍迻寫之於下，并略詮釋，以佐證鄙説。至韓退之不以董召南河北之行爲然之意固極明顯，不待解説也。其文云：

燕趙古稱多感慨悲歌之士。董生舉進士，連不得志于有司，懷抱利器，鬱鬱適兹土，吾知其必有合也。董生勉乎哉！

據此，可知在長安文化統治下之士人，若舉進士不中，而欲致身功名之會者，舍北走河朔之外，則不易覓其他之途徑也。

其文又云：

夫以子之不遇時，苟慕義强仁者皆愛惜焉，矧燕趙之士出乎其性哉！然吾嘗聞風俗與化移易，吾惡知其今不異于古所云邪？聊以吾子之行卜之也，董生勉乎哉！

據前引杜牧之范陽盧秀才墓志「語言習尚無非攻守戰鬥」之句及此序「風俗與化移易」之語，可知當日河北社會全是胡化，非復東漢、魏晉、北朝之舊。若究其所以然之故，恐不于民族遷移一事求之不得也，請俟後論之。

其文又云：

吾因子有所感矣，爲我吊望諸君之墓！而觀于其市，復有昔時屠狗者乎？爲我謝曰：「明天子在上，可以出而仕矣！」

然則長安天子與河北鎮將爲對立不同之二集團首領，觀此數語，即可知矣。

又全唐詩第拾函李益小傳（參舊唐書壹叁柒新唐書貳佰叁文藝傳下李益傳、唐詩紀事叁拾、全唐詩話貳等）云：

李益字君虞，姑臧人，大曆四年登進士第，授鄭縣尉，久不調，益不得意。北游河朔，幽州劉濟辟爲從事。嘗與濟詩，有怨望語。憲宗時召爲秘書少監集賢殿學士，自負才地，多所凌忽，爲衆不容。諫官舉幽州詩句，降居散秩。

考益之獻劉濟詩云：

草緑古幽州，鶯聲引獨游。雁歸天北畔，春盡海西頭。向日花偏落，馳年水不流。感恩知有地，不上望京樓。

據此，又可知雖已登進士第之李益以不得意之故猶去京洛，而北走范陽；則董召南之游河北蓋是當日社會之常情，而非變態。然于此益見大唐帝國之後半期其中含有兩獨立敵視之團體，而此二團體之統治階級，其種族文化亦宜有不同之點在也。

今試檢新唐書之藩鎮傳，并取其他有關諸傳之人其活動範圍在河朔或河朔以外者以相參考，則發見二點：一爲其人之氏族本是胡類，而非漢族；一爲其人之氏族雖爲漢族，而久居河朔，漸染胡化，與胡人不異。前者屬于種族，後者屬于文化。質言之，唐代安史亂後之世局，凡河朔及其他藩鎮與中央政府之問題，其核心實屬種族文化之關係也。夫河北之地，東漢、曹魏、西晉時固爲文化甚高區域，雖經胡族之亂，然北魏至隋其地之漢化仍未見甚衰減之相，何以至玄宗文治燦爛之世，轉變爲一胡化地域？其故殊不易解。兹就安史叛亂發源之地域及其時代先後之關係綜合推計，設一假説，以俟更詳確之證明。即使此假説一時難以確定成立，但安史叛亂及其後果即河朔藩鎮之本質，至少亦可因此明瞭也。

當玄宗文治武功極盛之世，漁陽鼙鼓一鳴，而兩京不守。安禄山之霸業雖不成，然其部將始終割據河朔，與中央政府抗衡，唐室亦從此不振，以至覆亡。古今論此役者止歸咎于天寶政治宫廷之腐敗，是固然矣；獨未注意安史之徒乃自成一系統最善戰之民族，在當日軍事上本來無與爲敵者也。考安禄山之種族在其同時人之著述及專紀其事之書中，均稱爲柘羯或羯胡，如：

舊唐書拾肅宗紀云：

是日（天寶十五載七月甲子）御靈武南門，下制曰：「乃者羯胡亂常，兩京失守。」

（舊唐書壹貳拾郭子儀傳載建中二年德宗褒恤之詔有「羯胡作禍」，新唐書壹玖貳忠義傳張巡傳亦有「柘羯千騎」之語，至杜甫喜官軍已臨賊境二十韻詩所謂「柘羯渡臨淮」之柘羯，雖非指安禄山，但亦可爲旁證參考也。）

又同書壹佰肆封常清傳略云：

先鋒至葵園，常清使驍騎與柘羯逆戰，殺賊數十百人。臨終時表曰：「昨日與羯胡接戰。」

又顔魯公集陸康金吾碑目安禄山爲羯胡，姚汝能安禄山事迹一書亦多羯胡之語，若杜工部咏懷古迹之詩其「羯胡事主終無賴」之句，則不僅用梁侯景之古典（如梁書伍伍武陵王紀傳云：「羯胡叛涣」，即是一例），實兼取今事入之于詩也。

考玄奘西域記壹颯秣建國（即康國）條云：

兵馬强盛，多是赭羯之人，其性勇烈，視死如歸。

新唐書貳貳壹下西域傳康國傳云：

本月氏人，始居祁連北昭武城，爲突厥（寅恪案：突厥應作匈奴，唐會要玖玖康國條云：「其人土著役屬于突厥，先居祁連之北昭武城，爲匈奴所破。」宋子京蓋涉上文突厥之語致誤也）所破，稍南依葱嶺，即有其地，枝庶分王：曰安，曰曹，曰石，曰米，曰何，曰火尋，曰戊地，曰史，世謂九姓，皆氏昭武。

又同書同卷安國傳云：

募勇健者爲柘羯，柘羯猶中國言戰士也（寅恪案：上引西域記之文有「赭羯之人」一語，然則赭羯乃種族之名，此云「猶中國言戰士」，若非宋景文誤會，即後來由專名引申爲公名耳）。

又同書同卷石國傳云：

石或曰柘支，曰柘折，曰赭時。

據此，可知赭羯即柘羯之異譯，凡康安石等中亞月氏種人，皆以勇健善戰著聞者也。

舊唐書貳佰上安禄山傳云：

安禄山，營州柳城雜種胡人也。

舊書所謂雜種胡之確切界説尚待詳考，但新唐書貳貳伍上逆臣傳安禄山傳云：

安禄山，營州柳城胡也，本姓康，母阿史德，少孤，隨母嫁安延偃，乃冒姓安，通六蕃語，爲互市郎。

寅恪案：安禄山事迹上引郭子儀雪安思順疏，謂安禄山本姓康。今敦煌寫本天寶丁籍亦有康、安、石等姓以羯爲稱者（見歷史與地理雜志第叁叁編第肆卷天寶十載丁籍及同書第肆壹編第肆卷天寶四載丁籍），故安禄山父系之爲羯胡，即中亞月氏種可無疑矣。至史思明之種族則新唐書貳貳伍上逆臣傳史思明傳云：

史思明，寧夷州突厥種，與安禄山共鄉里，通六蕃譯，亦爲互市郎。

疑史思明非出中亞胡種者。然舊唐書貳佰安禄山傳云：

安禄山，營州柳城雜種胡人也。（前已引，兹爲論述便利起見，特重及之。）

同書同卷史思明傳云：

史思明，寧夷州突厥雜種胡人也。

又舊唐書壹佰肆哥舒翰傳（新唐書壹叁伍哥舒翰傳同）略云：

哥舒翰，突騎施首領哥舒部落之裔也。翰母尉遲氏，于闐之族也。（安禄山）謂翰曰：「我父是胡，母是突厥，公父是突厥，母是胡，與公族類同，何不相親乎？」

據此類史料，初視之，似當時所謂雜種胡人者即指混合血統胡族，如哥舒翰等之例。但更詳考史傳，則知當時雜種胡人之稱實逕指昭武九姓月支種而言，如新唐書貳壹柒上回鶻傳（參通鑑貳貳陸建中元年八月甲午張光晟殺突董條）云：

始回紇至中國，常參以九姓胡，往往留京師，至千人，居貲置産甚厚。酋長突董翳蜜施、大小梅録等還國，裝橐係道。

所言與舊唐書壹貳柒張光晟傳云：

建中元年回紇突董、梅録領衆并雜種胡等自京師還國，輿載金帛相屬于道。

者同是一事，而舊傳之所謂雜種胡即九姓胡，可爲確證。然則舊唐書之稱安禄山爲雜種胡人者，實指其九姓胡而言，又其目史思明爲突厥雜種胡人者，殆以其父系爲突厥，而母系爲羯胡，故曰「突厥雜種胡人」也。觀于史思明與安禄山俱以通六蕃語爲互市郎,正是具有中亞胡種血統之特徵。至其以史爲姓者,蓋從父系突厥姓阿史德或阿史那之省稱,不必爲母系昭武九姓之史也。

又考安史生長之地即營州,在開元之初已多中亞賈胡,如舊唐書壹捌伍下良吏傳宋慶禮傳(新唐書壹叁拾宋慶禮傳同)略云:

初營州都督府置在柳城,控帶奚、契丹,則天時都督趙文翽政理乖方,兩蕃反叛,攻陷州城,其後移于幽州東二百里漁陽城安置。開元五年奚、契丹各款塞歸附,玄宗欲復營州于舊城,乃詔慶禮等更于柳城築營州城,俄拜慶禮御史中丞兼檢校營州都督,開屯田八十餘所,追拔幽州及漁陽、淄青等户,招輯商胡,爲立店肆。

此必其時營州區域之内或其近傍頗有西域賈胡,慶禮始能招輯之也。故營州一地在開元以前已多中亞胡人,可知之矣。

更試一檢新唐書安禄山傳(參考安禄山事迹),如言:

潛遣賈胡行諸道,歲輸百萬。

及

凡降蕃夷皆接以恩，禄山通夷語，躬自尉撫，皆釋俘囚爲戰士，故其下樂輸死，所戰無前。

等，則安禄山利用其中亞胡種商業語言特長之例證也。

又如言：

養同羅降契丹曳落河八千人爲假子。

及

禄山已得（阿）布思之衆，則兵雄天下。

則安禄山利用其混合血統胡人之資格，籠絡諸不同之善戰胡族，以增强其武力之例證也。

故據新唐書壹壹捌韋湊傳附見素傳云：

明年（天寶十四載），禄山表請蕃將三十二人代漢將，帝許之。見素不悦，謂（楊）國忠曰：「禄山反狀暴天下，今又以蕃代漢，難將作矣。」未幾，禄山反。

可知禄山之舉兵與胡漢種族武力問題有關也。至舊唐書壹佰陸李林甫傳（新唐書貳貳叁上奸臣傳李林甫傳同，又大唐新語壹壹懲戒篇及諛佞篇尤可參校）云：

國家武德、貞觀已來，蕃將如阿史那社爾、契苾何力忠孝有才略，亦不專委大將之任，多以重臣領使以制之。開元中，張嘉貞、王晙、張説、蕭嵩、杜暹皆以節度使入知政事。林甫固位，志欲杜出將入相之源，嘗奏曰：「文士爲將怯當矢石，不如用寒族蕃人。蕃人善戰有勇，寒族即無黨援。」帝（玄宗）以爲然，乃用（安）思順代林甫領（朔方節度）使。自是高仙芝、哥舒翰皆專任大將，林甫利其不識文字，無入相由。然而禄山竟爲亂階，由專得大將之任故也。

其寒族蕃人一語涉及唐代統治階級全部，俟後論之。然安史叛亂之關鍵，實在將領之種族，則可與新唐書韋見素一傳互相證發也。

又舊唐書壹玖玖上東夷傳高麗傳（新唐書壹佰拾泉男生傳附獻誠傳同）云：

(泉)獻誠授右衛大將軍,兼令羽林衛上下。天授中,則天嘗内出金銀寶物,令宰相反南北衙文武官内擇善射者五人共賭之。内史張光輔先讓獻誠爲第一,獻誠復讓右玉鈐衛大將軍薛土摩支,摩支又讓獻誠。既而獻誠奏曰:「陛下令簡能射者五人,所得者多非漢官。臣恐自此已後,無漢官工射之名。伏望停寢此射。」則天嘉而從之。

寅恪案:泉獻誠、薛土摩支皆蕃將也。武則天時,蕃將之武藝已遠勝于漢人,于此可見。鄴侯家傳言府兵制之破壞實始于則天時,此亦一旁證。蓋宇文泰所鳩合之六鎮關隴胡漢混合集團至武曌時已開始崩潰,不待玄宗朝,而漢將即此混合集團之首領,其不如蕃將之善戰已如此矣。至泉獻誠爲蓋蘇文之孫,男生之子,亡國敗降之餘裔,其武伎精妙猶稱當時第一,則高麗之能屢抗隋唐全盛之日傾國之師,豈無故哉!豈無故哉!

復次,新唐書壹貳柒張嘉貞傳附弘靖傳(舊唐書壹貳玖張延賞傳附弘靖傳同,但無「俗謂禄山、思明爲二聖」之語）略云：

充盧龍節度使，始入幽州，俗謂禄山、思明爲二聖。弘靖懲始亂，欲變其俗，乃發墓毁棺，衆滋不悦。幽薊初效順，不能因俗制變，故范陽復亂。

寅恪案：聖人者唐俗稱天子之語。如通鑑貳貳貳上元二年三月條（舊唐書貳佰上、新唐書貳貳伍上史思明傳附朝義傳略同）略云：

（史）朝義泣曰：「諸君善爲之，勿驚聖人！」（寅恪案：此聖人指思明言。）

胡注云：

當時臣子謂其君父爲聖人。

蓋安史俱稱帝，故在其統治之下者率以聖人稱之，自無足異。所可注意者，穆宗長慶初上距安史稱帝時代已六七十年，河朔之地，禄山、思明猶存此尊號，中央政府官吏以不能遵循舊俗，而致變叛，則安史勢力在河朔之深且久，於此可見。兹節録兩唐書所載安史同時并後來河朔及其他藩鎮胡化事蹟於下，其種族、文化二者之關係不待解釋，自然明瞭。至其人前後逆順賢否雖各有不同，但非此篇所論範圍，故不置言也。

其血統確有胡族分子者，如：

舊唐書貳佰上安禄山傳附孫孝哲傳（新唐書貳貳伍上逆臣傳同）云：

孫孝哲，契丹人也。

新唐書貳佰拾藩鎮魏博史憲誠傳（舊唐書壹捌壹史憲誠傳同）云：

史憲誠，其先奚也，内徙靈武，爲建康人，三世署魏博將。

同書貳壹壹藩鎮鎮冀李寶臣傳（舊唐書壹肆貳李寶臣傳同）云：

李寶臣本范陽内屬奚也，善騎射，范陽將張鎖高畜爲假子，故冒其姓，名忠志，爲盧龍府果毅。

同書同卷王武俊傳（舊唐書壹肆貳王武俊傳同）云：

王武俊本出契丹怒皆部，父路俱，開元中興饒樂府都督李詩等五千帳求襲冠帶。入居薊。年十五，善騎射，與張孝忠齊名，隸李寶臣帳下爲裨將。

同書同卷王廷湊傳(舊唐書壹肆捌王廷湊傳同)云:

王廷湊本回紇阿布思之族,隸安東都護府,曾祖五哥之,爲李寶臣帳下,驍果善鬬,王武俊養爲子,故冒姓王,世爲裨將。

同書貳壹貳藩鎮盧龍李懷仙傳(舊唐書壹肆叁李懷仙傳同)云:

李懷仙,柳城胡也,世事契丹,守營州,善騎射,智數敏給,禄山之反,以爲裨將。

同書同卷李茂勳傳(舊唐書壹捌拾李可舉傳同)云:

李茂勳本回紇阿布思之裔,張仲武時與其侯王皆降,資沈勇善馳射,仲武器之,任以將兵,常乘邊,積功賜姓及名。

同書貳壹叁藩鎮淄青李正己傳(舊唐書壹貳肆李正己傳同)云:

李正己,高麗人,爲營州副將,從侯希逸入青州,希逸母即其姑。

同書壹肆肆侯希逸傳(舊唐書壹貳肆侯希逸傳同)云:

侯希逸,營州人,天寶末爲州裨將,守保定城。禄山反,以徐歸道爲節度使,希逸率兵與安東都護王玄志斬之，詔拜玄志平盧節度使。玄志卒，共推希逸，有詔就拜節度使。與賊确，數有功，然孤軍無援，又爲奚侵略，乃拔其軍二萬，浮海入青州，據之，平盧遂陷，肅宗因以希逸爲平盧、淄青節度使。自是淄青常以平盧冠使。

據上引李正己傳，知侯希逸至少其母系出自高麗，雖其初不從安禄山之命，然其種族固含有胡人血脈，其部下兵衆亦是胡化集團。是以自李正己襲奪其業後，淄青一鎮亦與河朔同風，遂爲唐代中央政府之鉅患。推求其故，實由其統治者本從河朔胡化集團中分出者也。

新唐書壹肆捌張孝忠傳（舊唐書壹肆壹張孝忠傳同）云：

張孝忠本奚種，世爲乙失活酋長。父謐，開元中提衆納款。孝忠始名阿勞，以勇聞。燕趙間共推張阿勞、王没諾干二人齊名。没諾干，王武俊也，天寶末以善射供奉仗内，安禄山奏爲偏將。禄山、史思明陷河洛，常爲賊前鋒；朝義敗，乃自歸。

同書貳貳肆上叛臣傳李懷光傳（舊唐書壹貳壹李懷光傳同）云：

李懷光，渤海靺鞨人，本姓茹，父常，徙幽州，爲朔方部將，以戰多賜姓，更名嘉慶。懷光在軍以積勞爲都虞候，節度使郭子儀以紀綱委懷光。

寅恪案：李懷光乃朔方軍將，屬于别一系統不在河朔範圍，然以其先嘗居幽州，故亦附及之。至唐室中興元勛李光弼，則新唐書壹叁陸其本傳（舊唐書壹壹拾李光弼傳略同）云：

李光弼，營州柳城人，父楷洛以武后時入朝。

是亦出于東北胡族，且與安禄山同鄉里，不過政治上適立于相反之地位耳。

以上諸人皆確爲胡族無復疑義。又有實爲漢人，或雖號漢族，而帶胡種嫌疑未能決定者，兹并列之于下。其要點在無論實爲漢人或有胡族之嫌疑，其人必家世或本身居住河朔，久已胡化，故亦與胡人無異者也。如新唐書貳壹拾藩鎮魏博傳（舊唐書壹肆壹田承嗣傳同）云：

田承嗣，平州盧龍人也，世事盧龍軍，以豪俠聞，隸安禄山麾下。

舊唐書壹肆壹田弘正傳（新唐書壹肆捌田弘正傳同）略云：

田弘正祖延惲，魏博節度使承嗣之季父也。弘正善騎射，爲衙内兵馬使，既受節鉞，上表曰：「臣家本邊塞，累代唐人，驅馳戎馬之鄉，不睹朝廷之禮，伏自天寶已還，幽陵肇亂，山東奥壤，悉化戎墟，官封代襲，刑賞自專。」

新唐書貳壹拾藩鎮魏博何進滔傳（舊唐書壹捌壹何進滔傳同）云：

何進滔，靈武人，世爲本軍校，少客魏，委質軍中。

寅恪案：前引新唐書西域傳，昭武九姓中有何姓，何進滔又從靈武徙居于魏，故疑其先世是羯胡，其本身又居魏，而當時魏地亦胡化區域也。

舊唐書壹捌壹韓允忠傳（新唐書貳壹拾藩鎮魏博韓君雄傳同）云：

韓允忠，魏州人也，父國昌，歷本州右職。

同書同卷樂彦禎傳（新唐書貳壹拾藩鎮魏博樂彦禎傳同）云：

樂彦禎，魏州人也，父少寂，歷澶、博、貝三州刺史。

同書同卷羅弘信傳(新唐書貳壹拾藩鎮魏博羅弘信傳同)云:

羅弘信,魏州貴鄉人,曾祖秀,祖珍,父讓,皆爲本州軍校。

據北夢瑣言伍中書蕃人事條,羅亦胡姓,然則羅弘信不獨世居胡化之地,且有本出胡族之嫌疑矣。

新唐書貳貳伍中逆臣傳朱泚傳(舊唐書貳佰下朱泚傳同)云:

朱泚,幽州昌平人,父懷珪事安史二賊。

舊唐書壹肆叁朱滔傳(新唐書貳壹貳藩鎮盧龍朱滔傳同)云:

朱滔,賊泚之弟也。

新唐書貳壹貳藩鎮盧龍朱克融傳(舊唐書壹捌拾朱克融傳同)云:

朱克融,滔孫也。

舊唐書壹肆叁劉怦傳(新唐書貳壹貳藩鎮盧龍劉怦傳同)云:

劉怦,幽州昌平人也,父貢常爲廣邊大斗軍使,怦即朱滔姑之子。

新唐書貳壹貳藩鎮盧龍李載義傳(舊唐書壹捌拾李載義傳同)云:

李載義自稱恒山愍王之後,性矜蕩,好與豪傑游,力挽强搏鬥,劉濟在幽州高其能,引補帳下。

寅恪案:李載義之稱承乾後裔,固出依托,即使其真出自承乾,亦與河朔諸漢將同爲胡化之漢人也。

新唐書貳壹貳藩鎮盧龍楊志誠傳(舊唐書壹捌拾楊志誠傳同)云:

(楊)志誠者事(李)載義爲牙將,載義走,因自爲都兵馬使,(大和)八年爲下所逐,推部將史元忠總留後。

寅恪案:楊志誠、史元忠之氏族史傳不詳,無以確言,但俱爲胡化之人,則無可疑者。突厥阿史那氏、阿史德氏皆湝作史氏,中亞昭武九姓中有史氏,史憲誠本奚族,亦姓史氏(見前引兩唐書史憲誠傳),故史元忠殊有源出胡族之嫌疑也。

新唐書貳壹貳藩鎮盧龍張仲武傳(舊唐書壹捌拾張仲武傳同)云:

張仲武，范陽人，通左氏春秋，會昌初爲雄武軍使。（陳）行泰殺（史）元忠，而仲武遣其屬吴仲舒入朝，請以本軍擊回鶻。（李）德裕因問北方事，仲舒曰：「行泰（及殺行泰之張）絳皆游客，人心不附，仲武舊將張光朝子，年五十餘，通書習戎事，性忠義，願歸款朝廷舊矣。」德裕入白帝，擢兵馬留後，絳爲軍中所逐。

寅恪案：陳行泰、張絳始末不詳，可不置論。張仲武受漢化較深，在河朔頗爲例外，然迹其所以得軍心者，以本爲范陽土著，且家世舊將，而陳行泰、張絳俱是游客，故不能與之争，然非李文饒之策略，仲武亦未必遽得爲鎮將也。

新唐書貳壹貳藩鎮盧龍張允伸傳（舊唐書壹捌拾張公素傳同）云：

張允伸，范陽人，世爲軍校。

同書同卷張公素傳（舊唐書壹捌拾張公素傳同）云：

公素，范陽人，以列校事（張）允伸。

同書同卷李全忠傳（舊唐書壹捌拾李全忠傳同）云：

李全忠，范陽人，仕爲棣州司馬，罷歸，事（李）可舉爲牙將，可舉死，衆推爲留後。

同書同卷劉仁恭傳云：

劉仁恭，深州人，父晟客范陽，爲李可舉新興鎮將，故仁恭事軍中。

舊唐書壹捌拾朱克融等傳末略云：

史臣曰：彼幽州者，其民剛强，近則染禄山、思明之風，二（？）百餘年自相崇樹，雖朝廷有時命帥，而土人多務逐君，習苦忘非，尾大不掉，非一朝一夕之故也。

新唐書貳壹叁藩鎮横海程日華傳（舊唐書壹肆叁程日華傳同）云：

程日華，定州安喜人，父元皓爲安禄山帳下，僞署定州刺史，故日華籍本軍，爲張孝忠牙將。

同書同卷李全略傳（舊唐書壹肆叁李全略傳同）云：

李全略事（鎮州）王武俊爲偏裨。

同書貳壹肆藩鎮彰義吴少誠傳（舊唐書壹肆伍吴少誠傳同）云：

吴少誠，幽州潞人（父爲魏博節度都虞候）。

同書同卷吴少陽傳（舊唐書壹肆伍吴少陽傳同）云：

少陽者，與（吴）少誠同在魏博軍，相友善，少誠得淮西，多出金帛邀之，養以爲弟，署右職，親近無間。

同書同卷藩鎮澤潞劉悟傳（舊唐書壹陸壹劉悟傳同）云：

劉悟其祖正臣，平盧軍節度使，襲范陽，不克，死。

寅恪案：舊唐書壹肆伍劉全諒傳（新唐書壹伍壹董晉傳附陸長源傳同）略云：

父客奴由征行家于幽州之昌平，少有武藝，從平盧軍，（天寶）十五載四月授客奴平盧軍使，仍賜名正臣，襲范陽，爲逆賊將史思明等大敗之，正臣奔歸，爲王玄志所鴆而卒。

據此，知劉氏亦家于幽州昌平，漸染胡化者也。

舊唐書壹貳貳張獻誠傳（新唐書壹叁叁張守珪傳附獻誠傳同）云：

張獻誠，陝州平陸人，幽州大都督府長史守珪之子也，天寶末陷逆賊安禄山，受僞官，連陷史思明，爲思明守汴州，統逆兵數萬。

同書壹貳肆薛嵩傳（新唐書壹壹壹薛仁貴傳附嵩傳同）云：

薛嵩，絳州萬泉人，祖仁貴，高宗朝名將，封平陽郡公，父楚玉，爲范陽平盧節度使。嵩有膂力，善騎射，不知書，自天下兵起，束身戎伍，委質逆徒。

寅恪案：張獻誠、薛嵩雖俱大臣子孫，又非河朔土著，然以其父官范陽之故，少居其地，漸染胡化，竟與田承嗣之徒無別。甚哉風俗之移人若是，而河朔當日社會文化情狀，亦可想見矣。

舊唐書壹貳肆令狐彰傳（新唐書壹肆捌令狐彰傳同）云：

令狐彰，京兆富平人也，父濞，初任范陽縣尉，通幽州人女，生彰，及秩滿，留彰于母氏，彰遂少長范陽，善弓矢，乃策名從軍。事安禄山。

同書同卷田神功傳（新唐書壹肆捌田神功傳同）云：

田神功，冀州人也，家本微賤，天寶末爲縣里胥，會河朔兵興，從事幽薊。

新唐書壹肆捌康日知傳云：

康日知，靈州人，祖植，當開元時縛康待賓，平六胡州，日知少事李惟岳，累擢趙州刺史。

寅恪案：以康日知姓氏及籍貫言之，當亦中亞胡種也。

新唐書壹肆捌牛元翼傳云：

牛元翼，趙州人，王承宗與傅良弼冠諸將。良弼清河人，以射冠軍中。

舊唐書壹肆伍李忠臣傳（新唐書貳貳肆下叛臣傳李忠臣傳同）云：

李忠臣本姓董，名秦，平盧人也，世家于幽州薊縣。忠臣少從軍，事幽州節度使薛楚玉、張守珪、安禄山等。

同書同卷李希烈傳（新唐書貳貳伍中逆臣傳李希烈傳同）云：

李希烈，遼西人，少從平盧軍，後從李忠臣浮海至河南。

綜上所引諸人氏族或確是漢人，或有胡種嫌疑，或爲唐室大臣子孫，或出微賤之族，其于中央政府或忠或叛，復有先後順逆等之互異。要而言之，家世或本身曾留居河朔及長于騎射二事則大抵相類，斯實河朔地域之胡化演變所致者也。新唐書壹肆捌史孝章傳載其諫父憲誠之言曰：

天下指河朔若夷狄然。

又同書貳壹拾藩鎮傳序云：

遂使其人由羌狄然，訖唐亡百餘年率不爲王土。

故不待五代之亂，神州東北一隅如田弘正所謂「悉化戎墟」矣（見上引田弘正傳）。尤可異者，即在李唐最盛之時即玄宗之世，東漢、魏晉、北朝文化最高之河朔地域，其胡化亦已開始，此點自昔史家尠有解釋，兹試作一假説，以待將來之確證，然私心殊未敢自信也。

依據上列史料，知神州東北一隅河朔地域之内，其人民血統屬于漢種者，既若是之胡化，則其地必有胡族之遷徙無疑。凡居東北與河朔有關之胡族如高麗、東突厥（唐會要、舊唐書俱謂之北突厥，蓋舊稱如此）、回紇、奚、契丹之類移居于與其部落鄰近之地，如河朔區域，自有可能，而于事理亦易可通者也。獨中國東北隅河朔之地而有多數之中亞胡人，甚爲難解。若彼輩遠自西北萬里之外短期之内忽然遷移至東北端濱海之區，恐不可能。姑就舊史所載者考之，似有三因：其遠因爲隋季之喪亂，其中因爲東突厥之敗亡，其近因或主因爲東突厥之復興。所謂隋季之喪亂者，即舊唐書玖叁唐休璟傳（新唐書壹壹壹唐休璟傳略同）略云：

授營州户曹。調露中單于突厥背叛，誘扇奚、契丹侵略州縣，後奚、羯胡又與桑乾突厥同反，都督周道務遣休璟將兵擊破之，超拜豐州司馬。永淳中朝議欲罷豐州，休璟上疏曰：「豐州自秦漢已來，列爲郡縣，隋季喪亂，不能堅守，乃遷徙百姓就寧慶二州，致使戎羯交侵，乃以靈夏爲邊界。貞觀之末始募人以實之，西北一隅方得寧謐。」

寅恪案：中亞羯胡必經由中國西北，而漸至東北。在隋末中國擾亂之世最爲中亞胡人逐漸轉徙之良機會，兩唐書唐休璟傳或可于此事略露消息也。惟新唐書唐休璟傳及通鑑貳佰貳調露元年十月條俱無「奚、羯胡與桑乾突厥同反」之語，又新唐書唐休璟傳雖亦作「戎羯交侵」，而通鑑貳佰叁弘道元年五月條改「戎羯」爲「胡虜」，固以「戎羯」爲泛稱（見後漢書肆捌吴蓋陳臧傳論章懷太子注），然于此恐不免疏誤也。然則調露前後中國東北部已有不少羯胡，而羯胡之遷徙實由隋季侵入西北，輾轉移來，此于事實頗爲合理者也。所謂東突厥之敗亡者，即戈本貞觀政要玖安邊篇略云：

自突厥頡利破後，諸部落首領來降者皆拜將軍中郎將，布列朝廷，五品已上百餘人，殆與朝士相半。唯拓拔不至，又遣使招慰之，使者相望于道。涼州都督李大亮以爲于事無益，徒費中國，上疏云云，太宗不納。

寅恪案：通典壹玖柒邊防典突厥傳上與此同，蓋皆源出太宗實録也。惟無「太宗不納」之句，當是杜氏略去。又「拓拔」作「柘羯」，尚未經後人誤改。舊唐書陸貳及新唐書玖玖李大亮傳紀此事，俱只舉酋長之名，而通鑑壹玖叁貞觀四年秋七月條則不著酋長之名，而以「西突厥」一語概括之，蓋柘羯一種原在西突厥範圍内也。又兩唐書大亮傳俱言太宗從大亮之請，與貞觀政要不合，鄙意吴書似得其實，而兩唐書大亮傳乃後來修飾之詞，故君卿于此闕疑耶？然則東突厥之敗亡，必有少數柘羯因之東徙者矣。所謂東突厥之復興者，即綜考上引史料，諸胡人入居河朔或歸降中國之時代大抵在武則天及唐玄宗開元之世。而此三十年間中國東北方胡族之活動其最有關大局者，莫過于東突厥之復興，即骨咄禄、默啜兄弟武力之開拓遠及中亞，竟取西突厥帝國之領部置于其管制下之事實也。關于東突厥自頡利于貞觀時破滅後至骨咄禄而復興之始末，非此所能詳及，兹惟就兩唐書所載東突厥復興與西突厥關係之史料略引一二，以供推證焉。

舊唐書壹玖肆上北突厥傳（新唐書貳壹伍上突厥傳同）略云：

骨咄禄，頡利之疏屬，自立爲可汗，以其弟默啜爲殺，骨咄禄天授中病卒。

骨咄祿死時其子尚幼，默啜遂篡其位，自立爲可汗。默啜立其弟咄悉匐爲左廂察，骨咄祿子默矩爲右廂察，各主兵馬二萬餘人，又立其子匐俱爲小可汗，仍主處木昆等十姓（寅恪案：舊唐書壹玖肆下西突厥傳云：「其國分爲十部，每部仍令一人統之，號爲十設，每設賜以一箭，故稱十箭焉。又分十箭爲左右廂，其左廂號爲五咄陸，其右廂號爲五弩失畢。五咄陸部落居于碎葉已東，五弩失畢部落居于碎葉已西，自是都號爲十姓部落。其咄陸有五啜，一曰處木昆啜云云。」）兵馬四萬餘人，又號爲拓西可汗。初默啜景雲中率兵西擊娑葛，破滅之。契丹及奚自神功之後常受其徵役，其地東西萬餘里，控弦四十萬，自頡利之後最爲强盛，自恃兵威，虐用其衆，默啜既老，部落漸多逃散。（開元）四年默啜又北討九姓拔曳固，戰于獨樂河，拔曳固大敗，默啜負勝輕歸，而不設備，遇拔曳固迸卒頡質略于柳林中，突出擊默啜，斬之。

同書同卷下西突厥阿史那彌射傳附孫獻傳（新唐書貳壹伍下西突厥傳略同）云：

長安元年充安撫招慰十姓大使，獻本蕃漸爲默啜及烏質勒所侵，遂不敢還國。

同書同卷阿史那步真傳（新唐書貳壹伍下西突厥傳略同）云：

自垂拱已後十姓部落頻被突厥默啜侵掠，死散殆盡。及隨斛瑟羅纔六七萬人，徙居内地，西突厥阿史那氏遂絕。（寅恪案：通鑑貳百肆紀此事删去「默啜」二字，蓋與上文「垂拱」二字衝突之故，于此足徵温公讀書之精密。）

同書同卷突騎施烏質勒傳（新唐書貳壹伍下突騎施烏質勒傳同）云：

突騎施烏質勒者，西突厥之别種也。烏質勒卒，其長子娑葛代統其衆，景龍三年娑葛弟遮弩恨所分部落少于其兄，遂叛入突厥，請爲鄉導以討娑葛。默啜乃留遮弩，遣兵二萬人與其左右來討娑葛，擒之而還。

綜合上引諸條，可知東突厥復興後之帝國其勢力實遠及中亞，此時必有中亞胡族向東北遷徙者。史言「默啜既老，部落漸多逃散」，然則中國河朔之地不獨當東突厥復興盛强之時遭其侵軼蹂躪，即在其殘敗衰微之後亦仍吸收其逃亡離散之諸胡部落，故民族受其影響，風俗爲之轉變，遂與往日之河朔迴然不同，而成爲一混雜之胡化區域矣。夫此區域之民族既已脱離漢化，而又包括東北及西北之諸胡種，唐代中央政府若欲羈縻統治而求一武力與權術兼具之人才，爲此複雜胡族方隅之主將，則柘羯與突厥合種之安禄山者，實爲適應當時環境之唯一上選也。玄宗以東北諸鎮付之禄山，雖尚有他故，而禄山之種性與河朔之情勢要必爲其主因，豈得僅如舊史所載，一出于李林甫固位之私謀而已耶？

更總括以上所述者論之，則知有唐一代三百年間其統治階級之變遷升降，即是宇文泰「關中本位政策」所鳩合集團之興衰及其分化。蓋宇文泰當日融冶關隴胡漢民族之有武力才智者，以創霸業；而隋唐繼其遺産，又擴充之。其皇室及佐命功臣大都西魏以來此關隴集團中人物，所謂八大柱國家即其代表也。當李唐初期此集團之力量猶未衰損，皇室與其將相大臣幾全出于同一之系統及階級，故李氏據帝位，主其軸心，其他諸族入則爲相，出則爲將，自無文武分途之事，而將相大臣與皇室亦爲同類之人，其間更不容别一統治階級之存在也。至于武曌，其氏族本不在西魏以來關隴集團之内，因欲消滅唐室之勢力，遂開始施行破壞此傳統集團之工作，如崇尚進士文詞之科破格用人及漸毁府兵之制等皆是也。此關隴集團自西魏迄武曌歷時既經一百五十年之久，自身本已逐漸衰腐，武氏更加以破壞，遂致分崩墮落不可救止。其後皇位雖復歸李氏，至玄宗尤稱李唐盛世，然其祖母開始破壞關隴集團之工事竟及其身而告完成矣。此集團既破壞後，皇室始與外朝之將相大臣即士大夫及將帥屬于不同之階級。同時閹寺黨類亦因是變爲一統治階級，擁蔽皇室，而與外朝之將相大臣相對抗。假使皇室與外廷將相大臣同屬于一階級，則其間固無閹寺階級統治國政之餘地也。抑更可注意者，關隴集團本融合胡漢文武爲一體，故文武不殊途，而將相可兼任；今既别産生一以科舉文詞進用之士大夫階級，則宰相不能不由翰林學士中選出，邊鎮大帥之職捨蕃將莫能勝任，而將相文武蕃漢進用之途，遂分歧不可復合。舉凡進士科舉之崇重，府兵之廢除，以及宦官之專擅朝政，蕃將即胡化武人之割據方隅，其事俱成于玄宗之世。斯實宇文泰所創建之關隴集團完全崩潰，及唐代統治階級轉移升降即在此時之徵象。是以論唐史者必以玄宗之朝爲時代畫分界綫，其事雖爲治國史者所得略知，至其所以然之故，則非好學深思通識古今之君子，不能詳切言之也。

中篇　政治革命及黨派分野

唐代政治革命依其發源根據地之性質爲區別，則有中央政治革命與地方政治革命二類。何以安史之亂以前地方政治革命均不能成功，且無多影響？而中央政治革命亦何以有成功與失敗？又唐代皇位之繼承常不固定，當新舊君主接續之交往往有宫廷革命，其原因爲何？及外廷士大夫黨派若牛李等黨究如何發生？其分野之界綫何在？斯皆前人所未顯言而今此篇所欲討論者也。

上篇言宇文泰以「關中本位政策」創建霸業，隋唐因之，遂混一中國，爲極盛之世。陸宣公奏議壹論關中事宜狀（參新唐書壹伍柒陸贄傳、通鑑貳貳捌建中四年八月條）云：

太宗文皇帝既定大業，萬方底乂，猶務戎備，不忘慮危，列置府兵，分置禁衛，大凡諸府八百餘所，而在關中者殆五百焉，舉天下不敵關中，則居重馭輕之意明矣。

承平既久，武備寖微，雖府衛具存，而卒乘罕習，故禄山竊倒持之柄，乘外重之資，一舉滔天，兩京不守。

寅恪案：陸敬輿所言唐代内外輕重之形勢與政治之關係固甚確切，但唐人論事多追頌其祖宗創制之美，此不獨臣下立言之體宜然，實亦由於府兵制度之起原及其發展頗有誤會所致。蓋府兵制爲宇文泰當日「關中本位政策」中最要之一端，此政策之實情自唐初以降已不復爲世人所知，如李繁之鄴侯家傳爲唐人論府兵制主要之書，其間多所未諦，他更無論矣，此事已于拙著隋唐制度淵源略論稿兵制章詳言之，兹可不論。然可由宣公之言推定其在「關中本位政策」猶未完全破壞以前凡操持關中主權之政府即可以宰制全國，故政治革命只有中央政治革命可以成功，地方革命則無論如何名正言順，終歸失敗，此點可以解釋尉遲迥、徐敬業所以失敗，隋文帝、武則天所以成功，與夫隋煬帝遠游江左，所以卒喪邦家，唐高祖速據關中，所以獨成帝業。迨玄宗之世，「關中本位政策」完全改變，所以地方政治革命始能成功，而唐室之衰亡實由于地方政治革命之安、史、龐勛、黄巢等之起事，及黄巢部將朱温之篡奪也。

或問：唐代在「關中本位政策」即内重外輕之情形未變易以前，其政治革命惟有在中央發動者可以成功，但中央政治革命有成功，亦有失敗，其故又安在？應之曰：其關鍵實繫于守衛宫城北門禁軍之手，而北門之重要則由于唐代都城建置之形勢使然，其詳見拙著隋唐制度淵源略論稿禮儀章附論都城建築一節。兹僅略述大意，附載唐代歷次中央政治革命與宫城北門有關之史實，以資證明焉。

舊唐書壹貳陸李揆傳（參新唐書伍拾兵志及壹伍拾李揆傳、通鑑貳貳壹乾元二年三月條、十七史商榷捌玖南衙北司條）云：

時京師多盜賊，有通衢殺人寘溝中者。李輔國方恣横，上請選羽林騎士五百人以備巡檢。揆上疏曰：「昔西漢以南北軍相統攝，故周勃因南軍入北軍」（寅恪案：新傳亦與舊傳同作「因南軍入北軍」，其實應作「因北軍入南軍」，此揆元疏之誤，非傳寫之譌也。通鑑此條胡注明知其誤，猶只云「恐不如此」，亦太謙慎矣），遂安劉

氏。皇朝置南北衙，文武區分，以相伺察。今以羽林代金吾警夜，忽有非常之變，

將何以制之？遂制罷羽林之請。

又同書壹陸捌馮宿傳附弟定傳（新唐書壹柒柒馮宿傳附弟定傳同）云：

改元（開成），御（宣政）殿，中尉仇士良請用神策仗衛右殿，定抗疏論罷。

通鑑貳肆伍開成元年正月載此事，胡注云：

南衙十六衛之兵至此雖名存實亡。然以北軍衛南衙，則外朝亦將聽命于北司，既

紊太宗之紀綱，又增宦官之勢焰，故馮定言其不可。

據此可知唐代之北軍即衛宮之軍，權力遠在南軍即衛城之軍之上。其情勢與西漢南北軍所處者適相反。關于西漢南北軍制，自宋迄今，論者多矣，可以不贅。兹所欲論者，即唐代北軍及都城建置，與中央政治革命之關係一端而已。

周官考工記匠人云：

面朝背市。

據通常之解釋，王宫居中，其南爲朝，其北爲市。故止就宫與市之位置言，則宫在市之南，或市居宫之北也。考工記作成之時代雖晚，但必爲儒家依據其所得之資料，加以理想化編纂之書，似無疑義。然則所言匠人營國，其宫市之位置必有當日真實之背景者。今知西漢首都之長安，其未央宫南之司馬門直抵城垣，并無坊市，而未央宫長樂宫之北則有六街三市，是與考工記之文適相符合，豈與此書作成之時代有關耶？至隋代所營建之大興城，即後來唐代之長安城，其宫近城之北端，而市則在城之南方，其宫市位置適與以前之西漢長安城相反，故唐代之南北軍與西漢之南北軍其名雖同，而實際之輕重則相殊異也。夫中央政府之命令出于君主一人之身，君主所居之處乃政治劇變時成敗之所繫。西漢之長安，其宫在城南，故南軍爲衛宫之武力；唐代之長安，其宫在城北，故北軍爲衛宫之武力。苟明乎此，則唐代歷次中央政治革命之成敗，悉决于玄武門即宫城北門軍事之勝負，而北軍統制之權實即中央政柄之所寄托也。兹略引有關史事于下：

武德九年六月四日玄武門事變爲唐代中央政治革命之第一次，而太宗一生最艱危之苦鬥也。後世往往以成敗論人，而國史復經勝利者之修改，故不易見當時真相。然高祖起兵太原，建成即與太宗各領一軍。及爲太子，其所用官僚如王珪、魏徵之流即後來佐成貞觀之治之名臣，可知建成亦爲才智之人。至于元吉者，尤以勇武著聞，故太宗當日相與競爭之人決非庸懦無能者，又況建成以嫡長之名位，而内得高祖宮闈之助乎？太宗終能于玄武門一擊，而建成、元吉倉卒敗亡，似此二人曾絶無計慮及準備者，頗爲不近情理，疑其間必有未發之覆，而相傳之史料復多隱諱之處也。

舊唐書陸捌尉遲敬德傳（新唐書捌玖尉遲敬德傳略同）略云：

隱太子、巢刺王元吉將謀害太宗，密致書以招敬德，仍贈以金銀器物一車，敬德辭（中略）。敬德曰：「在外勇士八百餘人今悉入宮，控弦被甲，事勢已就，王何得辭？」（中略）。（東）宮（齊王）府諸將薛萬徹、謝叔方、馮立等率兵大至，屯玄武門，殺屯營將軍。敬德持建成、元吉首以示之，宮府兵遂散。

同書同卷張公謹傳(新唐書捌玖張公謹傳同)云:

(武德九年)六月四日,公謹與長孫無忌等九人伏于玄武門以俟變。及斬建成、元吉,其黨來攻玄武門,兵鋒甚盛。公謹有勇力,獨閉門以拒之。

同書壹捌柒上忠義傳上敬君弘傳(新唐書壹玖壹忠義傳敬君弘傳同)略云:

武德中爲驃騎將軍,掌屯營兵于玄武門,加授雲麾將軍。隱太子建成之誅也,其餘黨馮立、謝叔方率兵犯玄武門,君弘挺身出戰,與中郎將吕世衡并遇害。太宗甚嗟賞之,贈君弘左屯衛大將軍,世衡右驍衛將軍。

同書同卷馮立傳略云:

隱太子建成引爲翊衛車騎將軍,建成被誅,(立)率兵犯玄武門,苦戰久之,殺屯營將軍敬君弘,解兵遁于野,俄而來請罪。太宗數之曰:「昨日出兵來戰,殺傷我將,何以逃死?」

同書同卷謝叔方傳略云:

太宗誅隱太子及元吉于玄武門，叔方率（齊王）府兵與馮立合軍拒戰于北闕下，殺敬君弘、呂世衡。太宗兵不振，秦府護軍尉遲敬德傳元吉首以示之，叔方下馬號哭而遁。明日出首，太宗命釋之。

據此，太宗之所以得勝，建成、元吉之所以致敗，俱由一得以兵據玄武門即宫城之北門，一不得以兵入玄武門故也。然則玄武門爲武德九年六月四日事變成敗之關鍵，至爲明顯。但此中實有未發之覆，即玄武門地勢之重要，建成、元吉豈有不知，必應早有所防衛，何能令太宗之死黨得先隱伏奪據此要害之地乎？今得見巴黎圖書館藏敦煌寫本伯希和號貳陸肆拾李義府撰常何墓志銘，然後知太宗與建成、元吉兩方皆誘致對敵之勇將。常何舊曾隸屬建成，而爲太宗所利誘。當武德九年六月四日常何實任屯守玄武門之職，故建成不以致疑，而太宗因之竊發。迨太宗既殺其兄弟之後，常何遂總率北門之屯軍矣。此亦新史料之發見，足資補釋舊史所不能解之一端也。至于敬君弘、呂世衡則觀太宗數馮立罪所言，殆與常何同爲太宗之黨歟？史料缺乏，未敢遽定，俟更詳考之。

舊唐書玖壹桓彦範傳(新唐書壹貳拾桓彦範傳同,并參舊唐書壹捌柒上新唐書壹玖壹忠義傳王同皎傳)略云:

(張)柬之遽引彦範及(敬)暉并爲左右羽林將軍,委以禁兵,共圖其事。時皇太子每于北門起居,彦範與暉因得謁見,密陳其計,太子從之。神龍元年正月彦範與敬暉及左羽林將軍李湛、李多祚,右羽林將軍楊元琰,左威衛將軍薛思行等率左右羽林兵及千騎五百餘人討(張)易之、昌宗于宫中。令李湛、李多祚就東宫迎太子。兵至玄武門,彦範等奉太子斬關而入。時則天在迎仙宫之集仙殿,斬易之、昌宗于廊下,明日太子即位。

同書壹佰玖李多祚傳(新唐書壹壹拾李多祚傳同)略云:

少以軍功歷位右羽林大將軍,前後掌禁兵北門宿衛二十餘年。神龍初,張柬之將誅張易之兄弟,引多祚籌其事,謂曰:「將軍在北門幾年?」曰:「三十年矣。」柬之曰：「將軍位極武臣，豈非大帝之恩乎？」曰：「然。」又曰：「既感大帝殊澤，能有報乎？大帝之子見在東宮，張易之兄弟擅權，朝夕危逼，誠能報恩，正屬今日。」多祚曰：「苟緣王室，唯相公所使。」遂與柬之等定謀誅易之兄弟。

寅恪案：武則天雖居洛陽，然東都宮城之玄武門亦與長安宮城之玄武門同一位置，俱爲形勢要害之地。中宗復辟之成功，實在溝通北門禁軍之故。張柬之既得羽林軍統將李多祚之同意，大局即定，雖以武曌之梟傑，亦無抵禦之能力矣。

舊唐書捌陸節愍太子重俊傳（新唐書捌壹節愍太子重俊傳同）略云：

（神龍）三年七月（重俊）率左羽林大將軍李多祚等矯制發左右羽林兵及千騎三百餘人，殺（武）三思及（武）崇訓于其第，又令左金吾大將軍成王千里分兵守宮城諸門，自率兵趨肅章門，斬關而入，求韋庶人及安樂公主所在。韋庶人及（安樂）公主遽擁帝（中宗）馳赴玄武門樓，召左羽林將軍劉仁景等令率留軍飛騎及百餘人于樓下列守。俄而多祚等兵至，欲突玄武門樓，宿衛者拒之，不得進。帝據檻呼多祚等所將千騎，謂曰：「汝等并是我爪牙，何故作逆？若能歸順，斬多祚等，與汝富貴。」于是千騎王歡喜等倒戈斬多祚等，餘黨遂潰散。

寅恪案：李多祚以一人之身，二次躬率禁軍預聞中央政治革命之役，然而前後成敗互異者，以神龍三年七月辛丑之役韋后、安樂公主等猶得擁護中宗，及保有劉仁景等一部分之北門衛兵，故能據守玄武門樓之要地，及中宗親行宣諭，而多祚等所率之禁軍遂倒戈自殺，一敗塗地矣。然則中央政治革命之成敗與玄武門之地勢及守衛北門禁軍之關係如是重大，治唐史者誠不宜忽視之也。

舊唐書捌玄宗紀上（新唐書伍玄宗紀及通鑑貳佰玖景龍四年六月條同）略云：

（唐隆元年六月）庚子夜（上）率（劉）幽求等數十人自苑南入總監，鍾紹京又率丁匠百餘以從，分遣萬騎往玄武門，殺羽林將軍韋播、高嵩，持首而至，衆皆歡叫大集。攻白獸、玄德等門，斬關而進。左萬騎自左入，右萬騎自右入，合于凌煙閣前。時太極殿前有宿衛梓宮萬騎，聞譟聲，皆披甲應之，韋庶人惶惑走入飛騎營，爲亂兵所害。

同書伍壹后妃傳上中宗韋庶人傳（新唐書柒陸后妃傳中宗韋庶人傳同，并參考舊唐書壹捌叁新唐書貳佰陸外戚傳韋温傳）略云：

帝（中宗）遇毒暴崩，后懼，秘不發喪。定策立温王重茂爲皇太子，召諸府兵五萬人屯京城，分爲左右營，然後發喪。少帝即位，尊后爲皇太后，臨朝攝政。韋温總知内外兵馬，守援宫掖。駙馬韋捷、韋濯分掌左右屯營。武延秀及温從子播、族弟璿、外甥高嵩典左右羽林軍及飛騎。播、璿欲先樹威嚴，拜官日先鞭萬騎數人，衆皆怨，不爲之用。臨淄王率薛崇簡、鍾紹京、劉幽求等領萬騎入自玄武門，至左羽林軍，斬將軍韋璿、韋播及中郎將高嵩于寢帳，遂斬關而入，至太極殿，后惶駭遁入殿前飛騎營，爲亂兵所殺。

同書壹佰陸王毛仲傳（新唐書壹貳壹王毛仲傳同）云：

初太宗貞觀中擇官户蕃口中少年驍勇者百人，每出游獵，令持弓矢于御馬前射生。令騎豹文韉，著畫獸文衫，謂之百騎。至則天時漸加其人，謂之千騎，分隸左右羽林營。孝和謂之萬騎，亦置使以領之。玄宗在藩邸時，常接其豪俊者，或賜飲食財帛，以此盡歸心焉。毛仲亦悟玄宗之旨，待之甚謹，玄宗益憐其敏慧。及（景龍）四年六月中宗遇弒，韋后稱制，令韋播、高嵩爲羽林將軍，令押千騎營（寅恪案：通鑑「千」作「萬」，是，蓋中宗已改千騎爲萬騎矣，温公之精密有如是者），榜棰以取威。其營長葛福順、陳玄禮等相與見玄宗訴冤。會玄宗已與劉幽求、麻嗣宗、薛崇簡等謀舉大計，相顧益歡，令幽求諷之，皆願决死從命。及二十日夜玄宗入苑中，乙夜福順等至，玄宗曰：「與公等除大逆，安社稷，各取富貴，在于俄頃，何以取信？」福順等請號而行，斯須斬韋播、韋璿、高嵩等頭來，玄宗舉火視之。又召鍾紹京領總監丁匠刀鋸百人至，因斬關而入，后及安樂公主等皆爲亂兵所殺。

寅恪案：玄宗景龍四年六月二十日夜之舉兵，與三年前即神龍三年七月六日節愍太子重俊發動之玄武門事變正復相似，而成敗不同者，以玄宗能預結羽林萬騎諸營長葛福順、陳玄禮等，而韋后死黨守衛玄武門之羽林禁軍諸統將如韋播、韋璿、高嵩等，皆爲其部下所殺故也。

又以上所述自高祖、太宗至中宗、玄宗，中央政治革命凡四次，俱以玄武門之得失及屯衛北門禁軍之向背爲成敗之關鍵。然此皆訴諸武力，公開決戰者。至于武曌之改唐爲周，韋氏之潛移政柄，其轉變不出闈闥之間，兵不血刃，而全國莫之能抗，則以「關中本位政策」施行以來，内重外輕之勢所致也。然自玄宗末年安史叛亂之後，内外輕重之形勢既與以前不同，中央政變除極少破例及極小限制外，大抵不決之于公開戰爭（唐末强藩與中央政府權臣及閹寺離合之關係構成戰亂，其事應列入統治階級之升降及黨派分野範圍論之。故凡本書所未能詳述者，以義類推之可知也），而在宮廷之内以爭取皇位繼承之形式出之。于是皇位繼承之無固定性及新舊君主接續之交，輒有政變發生，遂爲唐代政治史之一大問題也。

唐自開國時建成即號爲皇太子，太宗以功業聲望卓越之故，實有奪嫡之圖謀，卒釀成武德九年六月四日玄武門之事變，已詳前述，且其事爲世所習知者也。太宗立承乾爲皇太子，承乾乃長孫皇后之長子，既居長嫡之位，其他諸子又無太宗之功業聲望可以啓其窺伺之心者，然承乾終被廢棄，而諸子争立，太宗心中之苦悶及其舉止之失態，觀兩唐書長孫無忌傳所載可知矣。

舊唐書陸伍長孫無忌傳（新唐書壹佰伍長孫無忌傳同）云：

太子承乾得罪，太宗欲立晉王，而限以非次，回惑不決。御兩儀殿，群官盡出，獨留無忌及司空房玄齡、兵部尚書李勣，曰：「我三子一弟所爲如此，我心無憀。」因自投于牀，抽佩刀欲自刺。無忌等驚懼，争前扶抱，取佩刀以授晉王。無忌等請太宗所欲，報曰：「我欲立晉王。」無忌曰：「謹奉詔，有異議者，臣請斬之。」太宗謂晉王曰：「汝舅許汝，宜拜謝」，因下拜。太宗謂無忌等曰：「公等既符我意，未知物論何如？」無忌曰：「晉王仁孝，天下屬心久矣，伏乞召問百寮，必無異辭，若不舞蹈同音，臣負陛下萬死。」于是建立遂定，因加授無忌太子太師。尋而太宗又欲立吴王恪，無忌密争之，其事遂輟。

寅恪案：太宗蓋世英雄，果于决斷，而至皇位繼承問題乃作如此可笑之狀，雖或施用權術，故爲失態，藉以籠制諸腹心大臣，然其内心之煩惱回惑已臻極點，則無可疑。蓋皇位繼承既不固定，則朝臣黨派之活動必不能止息，太宗之苦悶不堪，實職此之由也。又觀于其經此戲劇式之御前會議，建立晉王爲太子之後，復欲改立吴王恪，可知當日皇位繼承終是摇動不固定之事，因此，太子之嗣位亦不得不别有擁戴扶立之元勛。若皇儲之繼承權本極固定者，則此輩元勛何從得居擁立之功耶？

至于高宗本庸懦之主，受制于武后，其皇儲之不固定夫何足怪？而武曌則爲曠世怪傑，既屢屠殺其親生之子孫，何况區區廢立之事？故其皇位繼承之不定乃更意中事也。若立子立侄之問題乃屬于别一範圍，兹不討論，僅略引有關高宗武曌廢立其子之史文于下：

舊唐書捌陸燕王忠傳（新唐書捌壹燕王忠傳同）云：

燕王忠，高宗長子也，（永徽）三年立忠爲皇太子，顯慶元年廢忠爲梁王。

同書柒中宗紀略云：

永隆元年章懷太子廢，其年立爲皇太子。弘道元年高宗崩，即帝位，嗣聖元年二月皇太后廢帝爲廬陵王，其年五月遷于均州，尋徙居房陵。聖曆元年召還東都，立爲皇太子。神龍元年正月張柬之等率羽林兵誅（張）易之、昌宗，迎皇太子監國。乙巳則天傳位于皇太子，丙午即皇帝位。

同書同卷睿宗紀略云：

嗣聖元年則天臨朝，廢中宗爲廬陵王，立（帝）爲皇帝。及革命，改國號爲周，降帝爲皇嗣，徙居東宫，其具儀一比皇太子。聖曆元年中宗自房陵還，請讓位于中宗。則天遂立中宗爲皇太子，封帝爲相王。景龍四年夏六月中宗崩，臨淄王諱（隆基）等率兵入北軍，誅韋温等。甲辰少帝遜于別宫，是日即皇帝位。

同書壹壹陸承天皇帝倓傳（新唐書捌貳承天皇帝倓傳同，又參舊唐書捌陸新唐書捌壹孝敬皇帝傳、章懷太子傳）云：

（李）泌因奏（肅宗）曰：「臣幼稚時念黃臺瓜辭，陛下嘗聞其說乎？·高宗大帝有八子，睿宗最幼，（與）天后所生三子自爲行第，故睿宗第四。長曰孝敬皇帝（弘），爲太子監國，而仁明孝悌，天后方圖臨朝，乃鴆殺孝敬，立雍王賢爲太子。賢每日憂惕，知必不保全，與二弟同侍于父母之側，無由敢言，乃作黃臺瓜辭，令樂工歌之，冀天后聞之省悟，即生哀愍，辭云：『種瓜黃臺下。瓜熟子離離。一摘使瓜好。再摘令瓜稀。三摘猶尚可。四摘抱蔓歸。』而太子賢終爲天后所逐，死于黔中。」

然最可注意者，實神龍元年正月癸卯（二十日）玄武門之事變，其事自唐室諸臣言之，則易周爲唐爲中興復辟；自武則天方面言之，則不過貪功之徒擁立既已指定而未甚牢固之繼承儲君而已（凡唐代之太子實皆是已指定而不牢固之皇位繼承者，故有待于擁立之功臣也）。此役之是非及其本末今不能詳述，所欲論者，即中宗雖復立爲皇太子，其皇位繼承權實非固定，若全國俱認爲必能終繼武曌之位，無有可疑者，則五王等更將何所依藉，以爲號召之口實耶？兹録通鑑神龍元年五月甲午以侍中齊公敬暉爲平陽王條考異所引，而爲司馬君實所不取之統紀原文，以佐證鄙説焉，其文云：

> 太后善自粉飾，雖子孫在側，不覺衰老（其實此語通鑑上文已采用之矣）。及在上陽宫不復櫛纇，形容羸悴。上（中宗）入見，大驚。太后泣曰：「我自房陵迎汝來，固以天下授汝矣，而五賊貪功，驚我至此。」上悲泣不自勝，伏地拜謝死罪。由是（武）三思等得入其謀。

此節史料實可解釋中宗朝武氏權勢不因則天失位而消滅之故，温公轉不之信，無乃過于審慎歟？舊唐書捌陸殤皇帝重茂傳云：

> 景龍四年中宗崩，韋庶人立重茂爲帝，而自臨朝稱制。及韋氏敗，重茂遂遜位，讓叔父相王。

同書同卷節愍太子重俊傳（新唐書捌壹節愍太子重俊傳同）云：

> （神龍）二年秋立爲皇太子，時武三思得幸中宫，深忌重俊。三思子崇訓尚安樂公

主，常教公主陵忽重俊，以其非韋氏所生，常呼之爲奴。或勸公主請廢重俊爲王，自立爲皇太女，重俊不勝忿恨。

寅恪案：殤帝重茂以韋氏敗見廢，假使韋氏不敗，而仿武曌之前例行事，則重茂亦未必能久立，何況其非韋氏所生者乎？重俊起兵失敗，已于前言之，兹不復論，但究其所以舉兵之由，實以既受武三思父子及安樂公主等之陵忌，明知其皇位繼承權至不固定，遂出此冒險之舉耳。

睿宗嫡長子成器雖曾居皇太子之位，終以其庶弟隆基（玄宗）功業顯著之故，而讓皇儲之位。是其皇位繼承之不固定，無待言矣。至玄宗雖非長嫡，然以誅滅韋氏戴立睿宗之大功得越其嫡兄成器而立爲皇太子，此蓋有懲于建成太宗之故事，宜其皇位繼承權之固定，及考諸記載，殊亦不然，兹略引史文以證明之。

舊唐書玖伍讓皇帝憲傳（新唐書捌壹讓皇帝憲傳同）云：

讓皇帝憲本名成器，睿宗長子也。文明元年立爲皇太子，及睿宗降爲皇嗣，則天册授成器爲皇孫，唐隆元年進封宋王。睿宗踐阼，將建儲貳，以成器嫡長，而玄宗有討平韋氏之功，意久不定，成器固讓，睿宗乃許之。

同書捌玄宗紀上（新唐書伍玄宗紀略同）略云：

（唐隆元年）七月丙午（睿宗）制曰：「第三子（隆）基可立爲皇太子！」（景雲）二年二月又制曰：「皇太子（隆）基宜令監國！其六品以下除授及徒罪以下并取（隆）基處分！」延和元年六月兇黨因術人聞睿宗曰：「據玄象，帝座及前星有災，皇太子合作天子，不合更居東宫矣。」睿宗曰：「傳德避災，吾意决矣。」七月壬午制曰：「皇太子可令即皇帝位！」上（玄宗）叩頭請所以傳位之旨。睿宗曰：「吾因汝功業得宗社，易位于汝，吾知晚矣。」上始居武德殿視事，三品以下除授及徒罪皆自决之。先天二年七月三日左羽林大將軍常元楷、右羽林將軍李慈等與太平公主同謀，期以其月四日以羽林軍作亂，上密知之，因出武德殿，入虔化門，梟常元楷、李慈于北闕。睿宗明日下詔曰：「朕將高居無爲，自今軍國政刑一事已上并取皇帝

處分！」（寅恪案：通鑑貳壹拾開元元年七月乙丑上皇徙居百福殿）

同書玖陸姚崇傳（新唐書壹貳肆姚崇傳同）云：

時玄宗在東宮，太平公主干預朝政，宋王成器爲閑厩使，岐王範、薛王業皆掌禁兵，外議以爲不便，元之（崇本名元崇，因惡與突厥叛人同名，改爲元之）同侍中宋璟密奏，請令公主往東都，出成器等諸王爲刺史以息人心。睿宗以告公主，公主大怒。玄宗乃上疏以元之、璟等離間兄弟，請加罪，乃貶元之爲申州刺史。

同書同卷宋璟傳（新唐書壹貳肆宋璟傳同）云：

時太平公主謀不利于玄宗，嘗于光範門内乘輦，伺執政以諷之，衆皆失色。璟昌言曰：「東宮有大功于天下，真宗廟社稷之主，安得有異議？」乃與姚崇同奏請令公主就東都。玄宗懼，抗表請加罪于璟等，乃貶璟爲楚州刺史。

同書玖柒張説傳（新唐書壹貳伍張説傳同）云：

是歲（景雲二年）二月睿宗謂侍臣曰：「有術者上言：五日内有急兵入宮，卿等爲朕備之！」左右相顧，莫能對。說進曰：「此是讒人設計，擬搖動東宮耳，陛下若使太子監國，則君臣分定，自然窺覦路絶，災難不生。」睿宗大悦，即日下制皇太子監國。明年又制皇太子即帝位。俄而太平公主引蕭至忠、崔湜爲宰相。以説爲不附己，轉爲尚書左丞，罷知政事，仍令往東都留司。説既知太平陰懷異計，乃使獻佩刀于玄宗，請先事討之，玄宗嘉納焉。

寅恪案：玄宗既以有大功故得立爲皇太子，而其皇位繼承權仍不固定，其後雖已監國，并受内禪，即皇帝位矣，而其皇位之不安定也如故，必至誅夷太平公主黨徒之後，睿宗迫不得已，放棄全部政權，退居百福殿，于是其皇位始能安定，此誠可注意者也。至太平公主欲以羽林軍作亂，幸玄宗早知其謀，先發制人，得斬禁軍統將常元楷、李慈等，唐代中央政治革命之成敗繫于北門衛兵之手，斯又一例證矣。

舊唐書壹佰柒廢太子瑛傳（新唐書捌貳太子瑛傳同）略云：

廢太子瑛，玄宗第二子也，開元三年正月立爲皇太子。及武惠妃寵幸，（瑛母趙）麗妃恩乃漸弛，惠妃之子壽王瑁鍾愛，（惠）妃泣訴于玄宗，以太子結黨，將害于妾母子，亦指斥于至尊。玄宗震怒，謀于宰相，意將廢黜。中書令張九齡奏曰：「今太子既長，無過。」玄宗默然，事且寢。李林甫代張九齡爲中書令，希惠妃之旨，托意于中貴人，揚壽王瑁之美。（開元）二十五年（惠妃女咸宜公主夫）楊洄又構于惠妃，言瑛兄弟（鄂王瑤、光王琚）三人與太子妃兄薛鏽構異謀。玄宗遽召宰相籌之。林甫曰：「此蓋陛下家事，臣不合參知」，玄宗意乃決矣。使中官宣詔于宮中，並廢爲庶人，鏽配流，俄賜死于城東驛。

寅恪案：瑛乃玄宗初立之太子，其皇位繼承既已不能固定矣，至于此後所立之太子即後來繼位之肅宗，其皇位繼承權亦屢經動摇，若非乘安禄山叛亂之際擁兵自立爲帝，則其果能終嗣皇位與否，殊未可知也。

新唐書貳佰柒宦者傳上高力士傳（參考通鑑貳壹肆開元二十六年條考異）云：

初，太子瑛廢，武惠妃方嬖，李林甫等皆屬壽王（瑁），帝（玄宗）以肅宗長，意未決，居忽忽不食。力士曰：「大家不食，亦膳羞不具耶？」帝曰：「爾我家老，揣我何爲而然？」力士曰：「嗣君未定耶？推長而立，孰敢争？」帝曰：「爾言是也」，儲位遂定。

舊唐書拾肅宗紀略云：

肅宗，玄宗第三子，開元二十六年六月庚子立爲皇太子。初太子瑛得罪，上召李林甫，議立儲貳，時壽王瑁母武惠妃方承恩寵，林甫希旨，以瑁對，及立上（肅宗）爲太子，林甫懼不利己，乃起韋堅、柳勣之獄，上幾危者數四。後楊國忠依妃家，恣爲褻穢，懼上英武，潛謀不利，爲患久之。（天寶）十四載十一月（安）禄山稱兵詣闕，十二月辛丑制太子監國，仍遣上親總諸軍進討。時禄山以誅楊國忠爲名，國忠懼，乃與（楊）貴妃謀間其事，上遂不行。明年六月關門不守，國忠諷玄宗幸蜀，車駕將發（馬嵬頓），留上在後宣諭百姓，上回軍（欲收復長安）。七月辛酉上至靈武，（裴）冕（杜鴻漸）等凡六上箋（請即皇帝位）。上不獲已，乃從，是月甲子即皇帝位于靈武。

同書壹捌肆宦官傳李輔國傳(新唐書貳佰捌宦者傳下李輔國傳同)云:

(安)禄山之亂,玄宗幸蜀,輔國侍太子(肅宗),扈從至馬嵬,誅楊國忠,輔國獻計太子,請分玄宗麾下兵,北趨朔方,以圖興復,輔國從至靈武,勸肅宗即帝位,以系人心。

寅恪案:玄宗何以舍壽王瑁而立肅宗爲皇太子,此爲别一問題,非兹篇所能論及也。惟肅宗既立爲皇太子之後,其皇位繼承權甚不固定,故乘安禄山叛亂玄宗倉卒幸蜀之際,分兵北走,自取帝位,不僅别開唐代内禪之又一新局,而李輔國因是爲擁戴之元勛,遂特創後來閹寺擁戴或廢黜儲君之先例,此甚可注意也。

舊唐書壹壹代宗紀略云:

代宗,肅宗長子,(乾元元年)四月庚寅立爲皇太子。寶應元年四月肅宗大漸,所幸張皇后無子,后懼上(代宗)功高難制,陰引越王係于宫中,將圖廢立。乙丑皇后矯詔召太子,中官李輔國、程元振素知之,乃勒兵于凌霄門,俟太子至,即衛太子至飛龍廄。是夕勒兵于三殿,收捕越王係及内官朱光輝、馬英俊等,禁錮之,幽皇后于别殿。丁卯肅宗崩,元振等始迎上于九仙門,見群臣,行監國之禮,己巳即皇帝位于柩前。

同書伍貳后妃傳下肅宗張皇后傳(新唐書柒柒后妃傳下肅宗張皇后傳同)略云:

先在靈武時,太子(代宗)弟建寧王倓爲后誣譖而死,自是太子憂懼,常恐后之構禍。后以建寧之隙,常欲危之。寶應元年四月肅宗大漸,后與内官朱輝光、馬英俊、啖庭瑶、陳仙甫等謀立越王係,矯詔召太子入侍疾。中官程元振、李輔國知其謀,及太子入,二人以難告,請太子在飛龍廄。元振率禁軍收越王係、朱輝光等。俄而肅宗崩,太子監國,遂移后于别殿,幽崩,誅馬英俊(等)。

同書壹壹陸承天皇帝倓傳(新唐書捌貳承天皇帝倓傳同)略云:

時廣平王(代宗)立大功,亦爲張皇后所忌,潛構流言。

同書壹捌肆宦官傳李輔國傳(新唐書貳佰捌宦者傳下李輔國傳同)云：

輔國判元帥行軍司馬，專掌禁軍，代宗即位，輔國與程元振有定策功。

同書同卷宦官傳程元振傳(新唐書貳佰柒宦者傳上程元振傳同)云：

寶應末肅宗晏駕，張皇后與太子(代宗)有隙，恐不附己，引越王係入宮，欲令監國。元振知其謀，密告李輔國，乃挾太子誅越王并其黨與。

寅恪案：代宗雖有收復兩京之功，而其皇位繼承權不固定如此。最可注意者，則爲自寶應元年四月乙丑(十六日)事變張皇后失敗後，唐代宮禁中武曌以降女后之政柄，遂告終結。而皇位繼承之決定，乃歸于閹寺之手矣。但閹寺之中又分黨派，互有勝敗，如程元振等與朱輝光等之争，即是其例。至于李氏子孫無論其得或不得繼承帝位如代宗與越王係之流，則皆閹寺之傀儡工具而已。

舊唐書壹壹捌楊炎傳(新唐書壹肆伍楊炎傳同)略云：

李正己上表請殺(劉)晏之罪。炎懼，乃遣腹心分往諸道，言晏之得罪以昔年附會姦邪，謀立獨孤妃爲皇后，上自惡之，非他過也。

同書同卷黎幹傳（新唐書壹肆伍黎幹傳同）云：

大曆中德宗居東宮，幹及（宦官劉）清潭嘗有姦謀動搖。

同書壹貳叁劉晏傳（新唐書壹肆玖劉晏傳同）略云：

時人風言：代宗寵獨孤妃，而又愛其子韓王迥，晏密啓請立獨孤爲皇后。（楊）炎奏言：「賴祖宗福佑，先皇（代宗）與陛下（德宗）不爲賊臣所間，不然，劉晏、黎幹之輩搖動社稷，凶謀果矣。」

同書壹叁柒趙涓傳（新唐書壹陸壹趙涓傳同）云：

永泰初，涓爲監察御史。時禁中失火燒屋室數十間，火發處與東宮稍近，代宗深疑之。涓爲巡使，俾令即訊。涓周歷壖囿，按據迹狀，乃上直中官遺火所致也。推鞫明審，頗盡事情，既奏，代宗稱賞焉。德宗時在東宮，常感涓之究理詳細。

寅恪案：此德宗爲太子時，其皇位繼承權亦不固定之證也。

新唐書柒順宗紀略云：

大曆十四年十二月乙卯立爲皇太子，郜國公主以蠱事得罪，太子妃其女也。德宗疑之，幾廢者屢矣，賴李泌保護，乃免。

舊唐書壹叁拾李泌傳（新唐書壹叁玖李泌傳同）云：

順宗在春宫，妃蕭氏母郜國公主交通外人，上（德宗）疑其有他，連坐貶黜者數人，皇儲亦危，泌百端奏説，上意方解。

同書壹伍玖衛次公傳（新唐書壹陸肆衛次公傳同，並參考舊唐書壹伍玖鄭絪傳）云：

（貞元）二十一年正月德宗昇遐，時東宫（順宗）疾恙方甚，倉卒召學士鄭絪等至金鑾殿。中人或云：「内中商量所立未定」，衆人未對。次公遽言曰：「皇太子（順宗）既有疾，地居冢嫡，内外繫心，必不得已，當立廣陵王（憲宗），若有異圖，禍難未已。」絪等隨而唱之，衆議方定。

寅恪案：通鑑貳叁貳貞元三年六月條及貳叁叁貞元三年八月條載順宗爲皇太子時幾

被廢黜事甚詳，蓋與新唐書李泌傳同采自鄴侯家傳，李繁述其父事雖多溢美，然順宗當日皇位繼承權之動摇則爲事實也。

依時代之次序，此下當論述憲宗之事迹。但永貞内禪尤爲唐代内廷閹寺黨派競争與外朝士大夫關係之一最著事例，且唐代外廷士大夫之牛李黨争即起于憲宗元和之世。兹爲敍述便利之故，本篇中專論唐代皇位繼承不固定之事實，則至德宗順宗之交爲止。此後以内廷及外朝之黨派關係與皇位繼承二端合併論證，而在論證此二端之前，先一言唐代士大夫黨派分野之界綫焉。

唐代統治階級在武曌未破壞「關中本位政策」以前，除宇文泰所創建之胡漢關隴集團胡漢諸族外，則爲北朝傳統之山東士族，凡外廷士大夫大抵爲此類之人也。所謂士族者，其初并不專用其先代之高官厚禄爲其唯一之表徵，而實以家學及禮法等標異于其他諸姓。如范陽盧氏者，山東士族中第一等門第也，然魏收著魏書，其第肆柒卷盧玄傳論（李延壽于北史叁拾盧玄等傳論即承用伯起元文）云：

盧玄緒業著聞，首應旌命，子孫繼迹，爲世盛門。其文武功業殆無足紀，而見重于時，聲高冠帶，蓋德業儒素有過人者。

其實伯起此言不獨限于北魏時之范陽盧氏，凡兩晉、南北朝之士族盛門，考其原始，幾無不如是。魏晉之際雖一般社會有鉅族、小族之分，苟小族之男子以才器著聞，得稱爲「名士」者，則其人之政治及社會地位即與鉅族之子弟無所區別，小族之女子苟能以禮法特見尊重，則亦可與高門通婚，非若後來士族之婚宦二事專以祖宗官職高下爲惟一之標準者也。此點關係兩晉、南北朝士族問題之全部，兹篇殊難詳悉考辨。故除上引魏書盧玄傳論之關于河北者外，更舉關于江左一事，以爲例證，其餘不能多及，但可以類推也。

舊唐書壹玖拾上文苑傳上袁朗傳（新唐書貳佰壹文藝傳上袁朗傳同）略云：

袁朗，其先自陳郡仕江左，世爲冠族。朗自以中外人物爲海内冠族，雖琅邪王氏繼有台鼎，而歷朝首爲佐命，鄙之不以爲伍。朗孫誼又虞世南外孫，神功中爲蘇州刺史，嘗因視事，司馬清河張沛通謁，沛即侍中文瓘之子。誼揖之曰：「司馬何事？」沛曰：「此州得一長史，是隴西李亶，天下甲門。」誼曰：「司馬何言之失？門户須歷代人賢名節風教爲衣冠顧瞻，始可稱舉，老夫是也。夫山東人尚于婚媾，求于利禄，作時柱石，見危致命，則曠代無人，何可説之，以爲門户？」沛懷慚而退，時人以爲口實。

寅恪案：袁誼、張沛之言皆是也，不過袁説代表六朝初期門第原始本義，張説代表六朝後期及隋唐時代門第演化通義，其分别如是而已，然于此亦可觀古今世變矣。又袁誼「山東人尚于婚媾」之言，可取與新唐書壹玖玖儒學傳中柳沖傳附載柳芳論氏族文中。

山東之人尚婚婭，江左之人尚人物，關中之人尚冠冕，代北之人尚貴戚。

諸語參證。其實袁張之異同亦涉及地域及種族問題，匪僅古今時間之關係，但此非本篇所能具論者也。

夫士族之特點既在其門風之優美，不同于凡庶，而優美之門風實基于學業之因襲。故士族家世相傳之學業乃與當時之政治社會有極重要之影響，此事寅恪嘗于拙著隋唐制度淵源略論稿禮儀章論之，兹不復贅。但東漢學術之重心在京師之太學，學術與政治之關鎖則爲經學，蓋以通經義、勵名行爲仕宦之塗徑，而致身通顯也。自東漢末年中原喪亂以後，學術重心自京師之太學移轉于地方之豪族，學術本身雖亦有變遷，然其與政治之關鎖仍循其東漢以來通經義、勵名行以致從政之一貫軌轍。此點在河北即所謂山東地域尤爲顯著，實與唐高宗、武則天後之專尚進士科，以文詞爲清流仕進之唯一途徑者大有不同也。由此可設一假定之説：即唐代士大夫中其主張經學爲正宗、薄進士爲浮冶者，大抵出于北朝以來山東士族之舊家也。其由進士出身而以浮華放浪著稱者，多爲高宗、武后以來君主所提拔之新興統治階級也。其間山東舊族亦有由進士出身，而放浪才華之人或爲公卿高門之子弟者，則因舊日之士族既已淪替，乃與新興階級漸染混同，而新興階級雖已取得統治地位，仍未具舊日山東舊族之禮法門風，其子弟逞才放浪之習氣猶不能改易也。總之，兩種新舊不同之士大夫階級空間時間既非絕對隔離，自不能無傳染薰習之事。但兩者分野之界畫要必于其社會歷史背景求之，然後唐代士大夫最大黨派如牛李諸黨之如何構成，以及其與内廷閹寺之黨派互相鉤結利用之隱微本末，始可以豁然通解，請略徵史實，以證論之。

舊唐書壹捌上武宗紀會昌四年末載宰相李德裕之言（參考新唐書肆肆選舉志，又唐語林壹言語類李太尉德裕未出學院條，謂德裕父吉甫勸勉德裕應舉及玉泉子李德裕以己非科第條所言，恐皆不可信）云：

臣無名第，不合言進士之非。然臣祖（李栖筠）天寶末以仕進無他歧，勉强隨計，一舉登第，自後不于家置文選，蓋惡其祖尚浮華，不根藝實。然朝廷顯官須是公卿子弟，何者？自小便習舉業，目熟朝廷間事，臺閣儀範班行准則不教而自成，寒士縱有出人之才，登第之後始得一班一級，固不能熟習也。

新唐書肆肆選舉志（參考舊唐書壹柒叁鄭覃傳、新唐書壹陸伍鄭珣瑜傳附覃傳、王定

保摭言壹散序進士條等)略云:

文宗好學嗜古,鄭覃以經術位宰相,深嫉進士浮薄,屢請罷之。文宗曰:「敦厚浮薄,色色有之。進士科取人二百年矣,不可遽廢。」因得不罷。武宗即位,宰相李德裕尤惡進士。初舉人既及第,綴行通名,詣主司第謝,又有曲江會題名席。至是德裕奏:「國家設科取士,而附黨背公,自爲門生,自今一見有司而止,其期集參謁曲江題名皆罷。」

舊唐書壹柒肆李德裕傳(新唐書壹捌拾李德裕傳同,又參考玉泉子李衛公以己非科第條)略云:

李德裕,趙郡人,祖栖筠御史大夫,父吉甫趙國公。元和初宰相,德裕苦心力學,尤精西漢書、左氏春秋,耻與諸生同鄉賦,不喜科試。

新唐書壹陸叁柳公綽傳附仲郢傳云:

知吏部銓,(李)德裕頗抑進士科,仲郢無所徇,是時以進士選,無受惡官者。

舊唐書壹柒叁鄭覃傳（新唐書壹陸伍鄭珣瑜傳附覃傳同）略云：

鄭覃（滎陽人），故相珣瑜之子，以父蔭補弘文校理。覃長于經學，稽古守正，帝（文宗）尤重之。覃從容奏曰：「經籍訛謬，博士相沿，難爲改正，請召宿儒奥學，校定六籍，準後漢故事，勒石于太學，永代作則，以正其闕。」從之。（大和）五年李宗閔、牛僧孺輔政，宗閔以覃與李德裕相善，薄之，奏罷（覃翰林）侍講學士。文宗好經義，心頗思之，六年二月復召爲侍講學士。七年春李德裕作相，以覃爲御史大夫。文宗嘗于延英謂宰相曰：「殷侑通經學，頗似鄭覃。」宗閔曰：「覃侑誠有經學，于議論不足聽覽。」李德裕對曰：「覃嘗嫉人朋黨，爲宗閔所薄故也。」八年德裕罷相，宗閔復知政，與李訓、鄭注同排斥李德裕、李紳。二人貶黜，覃亦左授秘書監。九年六月楊虞卿、李宗閔得罪長流，復以覃爲刑部尚書，遷尚書右僕射。訓、注伏誅，以本官同平章事。覃雖精經義，不能爲文，嫉進士浮華。開成初奏：禮部貢院宜罷進士科。初紫宸對上（文宗）語及選士，覃曰：「南北朝多用文華，所以不治。士以才堪即用，何必文辭？」帝曰：「進士及第人已曾爲州縣官者，方鎮奏署，即可之，餘即否。」覃曰：「此科率多輕薄，不必盡用。」帝曰：「輕薄敦厚，色色有之，未必獨在進士。此科置已二百年，亦不可遽改。」覃曰：「亦不可過有崇樹。」上嘗于延英論古今詩句工拙。覃曰：「近代陳後主、隋煬帝皆能章句，不知王者大端，終有季年之失。章句小道，願陛下不取也。」（開成）四年罷相。武宗即位，李德裕用事，欲援爲宰相，固以足疾不任朝謁（辭）。會昌二年致仕，卒。覃位至相國，所居纔庇風雨，家無媵妾，人皆仰其素風。女孫適崔皋，官纔九品衛佐，帝重其不婚權家。（此十八字新傳之文）

唐語林貳文學類云：

文宗皇帝曾製詩以示鄭覃。覃奏曰：「乞留聖慮于萬幾，天下仰望。」文宗不悅。覃出，復示李宗閔。嘆伏不已，一句一拜，受而出之。上笑謂之曰：「勿令適來阿父子見之！」

寅恪案：趙郡李氏、滎陽鄭氏俱是北朝數百年來顯著之士族，實可以代表唐代士大夫中主要之一派者。而德裕及覃父子又世爲宰相，其社會歷史之背景既無不相同，宜其共結一黨，深惡進士之科也。文選爲李氏所鄙視，石經爲鄭覃所建刊，其學術趣向殆有關家世遺傳，不可僅以個人之偶然好惡爲解釋。否則李文饒固有唐一代不屬于復古派之文雄，何以亦薄文選之書？推究其故，豈不以「熟精文選理」乃進士詞科之人即高宗、武后以後新興階級之所致力，實與山東舊族以經術禮法爲其家學門風者迥然殊異，不能相容耶？南北朝社會以婚宦二端判別人物流品之高下，唐代猶承其風習而不改，此治史者所共知。兹更舉關于鄭覃之一事，以補證新唐書所紀其不婚當世權門而重舊日士族之一節如下：

太平廣記壹捌肆氏族類莊恪太子妃條（新唐書壹柒貳杜兼傳附中立傳云：開成初文宗以真源、臨真二公主降士族，謂宰相曰：「民間修婚姻，不計官品，而尚閥閱。我家二百年天子，顧不及崔盧耶？」詔宗正卿取世家子以聞！」寅恪案：中立固出名家，但尚主與納妃微有不同，故附記于此，以供參證）云：

文宗爲莊恪太子選妃，朝臣家□子女者，悉被進名，士庶爲之不安。帝知之，謂宰臣者曰：「朕欲爲太子婚娶，本求汝鄭門衣冠子女爲新婚。聞在外朝臣皆不願共朕作情親，何也？朕是數百年衣冠，無何神堯打家何羅去。」因罷其選。（原注：出盧氏雜説。寅恪案：唐語林肆企羨類亦引盧氏雜説此條，但作「打朕家事羅訶去」。）

寅恪案：此條所載文宗語末句頗不易解，姑從闕疑。據舊唐書壹柒伍莊恪太子永傳（新唐書捌貳莊恪太子永傳同），魯王永以文宗大和六年十月册爲皇太子，開成三年十月薨，又據新唐書陸叁宰相表（舊唐書壹叁新唐書捌文宗紀及兩唐書鄭覃傳俱同），鄭覃以大和九年十一月至開成四年五月之時間任宰相之職，而自大和六年十月至開成三年十月即魯王永爲皇太子期間，宰相中覃之外，别無鄭姓者。故知文宗「汝鄭門」之語專對覃而言者也。依覃之意，李唐數百年天子之家尚不及山東舊門九品衛佐之崔氏，然則唐代山東士族心目中社會價值之高下估計亦可想見矣。又唐代皇室本出自宇文泰所創建之關隴胡漢集團，即朱元晦所謂「源流出于夷狄，故閨門失禮之事不以爲異」者（上篇之首已引），固應與山東士族之以禮法爲門風者大有不同。及漢化程度極深之後，與舊日士族比較，自覺相形見絀，益動企羨攀仰之念。然貴爲天子，終不能競勝山東舊族之九品衛佐，于此可見當日山東舊族之高自標置，并非無因也。

至李唐皇室與山東士族之關係亦有可略言者。考唐室累代其初對于山東舊族本持壓抑政策，如新唐書玖伍高儉傳（參考舊唐書陸伍高士廉傳、唐會要叁陸氏族條、貞觀政要柒禮樂篇貞觀六年謂房玄齡條、舊唐書柒捌新唐書壹佰肆張行成傳、舊唐書捌貳新唐書貳貳叁姦臣傳上李義府傳、通鑑壹玖伍貞觀十二年正月條、太平廣記壹捌肆氏族類七姓條等）略云：

初太宗嘗以山東士人尚閥閱，後雖衰，子孫猶負世望，由是詔士廉責天下譜牒，參考史傳，檢正真僞，合二百九十三姓千六百五十一家爲九等，號曰氏族志，而崔幹仍居第一。帝曰：「我于崔、盧、李、鄭無嫌，顧其世衰，猶恃舊，不解人間何爲貴之？朕以今日冠冕爲等級高下。」遂以崔幹爲第三姓（姓舊傳作等），班其書天下。高宗時，許敬宗以不敍武后世，李義府耻其家無名，更刊定之，裁廣義類。帝（高宗）自敍所以然，各以品位敍之，凡九等，改爲姓氏録。當時軍功入五品者，皆升譜限，縉紳耻焉，目爲「勳格」。義府奏：悉索氏族志，燒之。先是，後魏太和中定四海望族，以（李）寶等爲冠。其後矜尚門地，故氏族志一切降之。王妃主婿皆取當世勳貴名臣家，未嘗尚山東舊族（寅恪案：此爲唐初情狀，後來不如是也）。後房玄齡、魏徵、李勣復與昏，故望不減。

又國史補上（參考太平廣記壹捌肆氏族類）略云：

李積，酒泉公義俠侄孫，門户第一，而有清名，官至司封郎中懷州刺史。嘗以爲爵位不如族望，與人書札唯稱「隴西李積」而不銜。

又通鑑貳肆捌大中三年十二月萬壽公主適鄭顥條云：

顗弟顗嘗得危疾，上遣使視之。還，問（萬壽）公主何在？曰在慈恩寺戲場。上（宣宗）怒嘆曰：「我怪士大夫家不欲與我爲昏，良有以也。」亟命召公主入宫，立之階下，不之視，公主懼，涕泣謝罪。上責之曰：「豈有小郎病，不往省視，乃觀戲乎？」遣歸鄭氏。由是終上之世，貴戚皆兢兢守禮法，如山東衣冠之族。

又東觀奏記上（參唐語林柒補遺萬壽公主宣宗之女條、新唐書壹壹玖白居易傳附敏中傳）略云：

萬壽公主，上（宣宗）之女，將嫁，命擇良婿。鄭顥，相門子（寅恪案：顥之祖絪憲宗朝宰相），首科及第，聲名籍甚，待昏盧氏。宰臣白敏中奏選尚，顥深銜之。大中五年敏中免相爲邠寧行營都統，行有日，奏曰：「顥不樂國姻，銜臣入骨，臣在中書，顥無如臣何，一去玉階，必媒蘖臣短，死無日矣。」

寅恪案：前言山東士族之所以興起，實用儒素德業以自矜異，而不因官禄高厚見重于人。降及唐代，歷年雖久，而其家風禮法尚有未盡淪替者。故貞觀天子欽定氏族志，雖可以降抑博陵崔氏第二房鬱後之崔幹爲第三等（見新唐書柒貳下宰相世系表崔氏條及舊唐書陸拾、新唐書柒捌淮安王神通傳），而開成皇帝不能禁其宰相之寧以女孫適九品衛佐之崔皋（皋之家世未及詳考，然其爲「七姓」之一，則無可疑也），而不願其家人爲皇太子妃。至大中朝藉皇室之勢，奪婚盧氏，其後君臣翁婿卒皆以此爲深恨，又何足怪哉！帝王之大權不及社會之潛力，此類之事即其一例，然非求之數百年往日背景，不易解釋也。

既明乎此，則牛李（德裕）黨派分野界畫之所在，始可得而言。

唐語林叁識鑑類（參考南部新書丁）云：

> 陳夷行、鄭覃請經術孤立者進用，李珏與楊嗣復論地冑詞采者居先，每延英議政多異同，卒無成效，但寄之頰舌而已。

蓋陳鄭爲李（德裕）黨，李楊爲牛黨，經術乃兩晉、北朝以來山東士族傳統之舊家學，詞彩則高宗、武后之後崛興階級之新工具。至孤立地冑之分別，乃因唐代自進士科新興階級成立後，其政治社會之地位逐漸擴大，馴致舊日山東士族和崔皋之家，轉成孤寒之族。若李（珏）楊之流雖號稱士族，即使俱非依托，但舊習門風淪替殆盡，論其實質，亦與高宗、武后由進士詞科進身之新興階級無異。迨其拔起寒微之後，用科舉座主門生及同門等關係，勾結朋黨，互相援助，如楊于陵、嗣復及楊虞卿、汝士等，一門父子兄弟俱以進士起家，致身通顯（見舊唐書壹陸肆新唐書壹陸叁楊于陵傳、舊唐書壹柒陸新唐書壹柒肆楊嗣復傳、舊唐書壹柒陸新唐書壹柒伍楊虞卿傳及南部新書己大和中人指楊虞卿宅南亭子爲行中書條等），轉成世家名族，遂不得不崇尚地冑，以鞏固其新貴黨類之門閥，而拔引孤寒之美德高名翻讓與山東舊族之李德裕矣（見摭言柒好放孤寒門李太尉德裕頗爲寒畯開路條及唐語林柒補遺李衛公頗升寒素條等），斯亦數百年間之一大世變也，請略徵舊籍，證明于下：

摭言叁慈恩寺題名游賞賦詠雜記條（略見上引新唐書選舉志）略云：

進士題名，自神龍之後，過關宴後皆集會于慈恩塔下題名。會昌三年贊皇公（李德裕）爲上相，其年十二月中書覆奏：「奉宣旨，不欲令及第進士呼有司爲座主，趨赴其門，兼題名局席等條疏進來者。伏以國家設文學之科，求貞正之士，所宜行敦風俗，義本君親，然後申于朝廷，必爲國器，豈可懷賞拔之私惠，忘教化之根源，自謂門生，遂成膠固。所以時風寖薄，臣節何施，樹黨背公，靡不由此。臣等商量今日已後，進士及第，任一度參見有司，向後不得聚集參謁，及于有司宅置宴。其曲江大會朝官及題名局席并望勒停。」奉敕：「宜依！」于是向之題名各盡削去。蓋贊皇公不由科第，故設法以排之，洎公失意，悉復舊態。

玉泉子云：

李相德裕抑退浮薄，獎拔孤寒。于時朝貴朋黨，德裕破之，由是結怨，而絕于附會，門無賓客。

舊唐書壹捌下宣宗紀大中三年九月貶李德裕爲崖州司户參軍制云：

誣貞良造朋黨之名。

據此，李德裕所謂朋黨，即指新興階級浮薄之士藉進士科舉制度座主門生同門等關係締結之牛黨也。

或疑通鑑貳叁捌元和七年春正月條（新唐書壹陸貳許孟容傳附季同傳同），載京兆尹元義方爲鄜坊觀察使事略云：

> 義方入謝，因言李絳私其同年許季同，除京兆少尹，出臣鄜坊。明日上以詰絳曰：「人于同年固有情乎？」對曰：「同年乃九州四海之人，偶同科第，或登科然後相識，情于何有？」

則似科舉制度與結黨無關者。但詳考之，知通鑑此條及新唐書許孟容傳俱采自李相國論事集，其書專詆李吉甫，固出于牛黨之手，其所言同年無情，乃牛黨强自辯護之詞，殊非實狀也。夫唐代科舉制度下座主門生及同年或同門關係之密切原爲顯著之事，可不詳論，兹僅舉三數例于下，亦足以爲證明也。

舊唐書壹壹柒韋保衡傳（新唐書壹捌肆路巖傳附韋保衡傳同）云：

保衡恃恩權，素所不悦者，必加排斥。王鐸貢舉之師，蕭遘同門生，以素薄其爲人，皆擯斥之。

寅恪案：史所書保衡之惡，依當時習慣言，乃一破例。此正可以反證當日座主門生以及同年或同門之間互相援助之常態也。

白氏長慶集壹陸重題（草堂東壁）七律四首之四云：

宦途自此心長別，世事從今口不言。豈止形骸同土木，兼將壽夭任乾坤。胸中壯氣猶須遣，身外浮榮何足論！還有一條遺恨事，高家門館未足恩。

寅恪案：白樂天此詩自言已外形骸，了生死，而猶惓惓于座主高郢之深恩未報，斯不獨香山居士一人之篤于恩舊者爲然，凡苟非韋保衡之薄行寡情者，莫不如是。此實可爲唐代門生對座主關係密切之一例證也。

獨異志（參唐語林肆賢媛類）云：

崔群爲相，清名甚重，元和（中）自中書舍人知貢舉，既罷，夫人李氏嘗勸其樹莊田，以爲子孫之業。笑答曰：「余有三十所美莊良田，遍在天下，夫人何憂？」夫人曰：「不聞君有此業。」群曰：「吾前年放春榜三十人，豈非美田耶？」夫人曰：「若然者，君非陸贄相門生乎？然往年君掌文柄，使人約其子簡禮，不令就春闈之試。如以爲良田，則陸氏一莊荒矣！」群慚而退，累日不食。

寅恪案：座主以門生爲莊田，則其施恩望報之意顯然可知。此唐代座主對于門生關係密切之一例證也。

舊唐書壹柒陸楊嗣復傳（新唐書壹柒肆楊嗣復傳不載同門結黨之由，不及舊傳之得其實，又舊唐書壹柒陸李宗閔傳可與參證）云：

> 嗣復與牛僧孺、李宗閔皆權德輿貢舉門生，情誼相得，取舍進退多與同。

寅恪案：史言牛派鉅子以同門之故，遂結爲死黨。此唐代科舉同門關係之一例證也。

復次，唐代貢舉名目雖多，大要可分爲進士及明經二科。進士科主文詞，高宗、武后以後之新學也；明經科專經術，兩晉、北朝以來之舊學也。究其所學之殊，實由門族之異。故觀唐代自高宗、武后以後朝廷及民間重進士而輕明經之記載，則知代表此二科之不同社會階級在此三百年間升沈轉變之概狀矣。其記載略録于下：

康駢劇談録（參唐語林陸補遺）云：

元和中，李賀善爲歌篇，爲韓愈深所知，重于縉紳。時元稹年少，以明經擢第，亦攻篇什，常交結于賀，日執贄造門，賀覽刺，不答遽入。僕者謂曰：「明經及第，何事看李賀？」稹慚恨而退。其後（稹）以制策登科，及爲禮部郎中，因議賀祖（祖當作父）諱晉（肅），不合應（進士）舉，賀遂致轗軻。韓愈惜其才，爲著諱辯明之，竟不成名。

寅恪案：劇談録所紀多所疏誤，自不待論。但據此故事之造成，可推見當時社會重進士輕明經之情狀，故以通性之真實言之，仍不失爲珍貴之社會史料也。

東觀奏記上（參新唐書壹捌貳李珏傳及唐語林叁識鑑類）略云：

李珏，趙郡贊皇人，早孤，居淮陰，舉明經。李絳爲華州刺史，一見謂之曰：「日角

珠庭，非常人也，當掇進士科。明經碌碌，非子發跡之路。」一舉不第，應進士（舉），

許孟容爲宗伯，擢居進士。

新唐書壹捌叁崔彦昭傳云：

（彦昭）與王凝外昆弟也，凝大中初先顯，而彦昭未仕，嘗見凝，凝倨不冠帶，慢言曰：「不若從明經舉。」彦昭爲憾。至是凝爲兵部侍郎，母聞彦昭相，敕婢多製履襪，曰：「王氏妹必與子皆逐，吾將共行。」彦昭聞之，泣且拜，不敢爲怨，而凝竟免。

（寅恪案：此采自尉遲偓中朝故事。）

摭言散序進士門云：

其艱難謂之三十老明經，五十少進士。

據上諸條，進士、明經二科在唐代社會其價值之高下，可以推知，不待廣引也。

又唐代社會于此二科之評價，有高下之殊，亦由當時政治之關係所致，蓋朝廷與民衆二者互相影響也。如唐語林肆企羡類略云：

薛元超謂所親曰：「吾不才，富貴過人，平生有三恨：始不以進士擢第。」

寅恪案：上篇引通典壹伍選舉典叁所載沈既濟之言，謂進士科之特見尊重，實始于高宗、武后時。薛元超爲高宗朝晚年宰相，是與沈氏之語適合也。

新唐書肆肆選舉志（摭言叁慈恩寺題名游賞賦詠雜誌條同，又新志此條前已徵引，今爲解釋便利之故，復節録數語于此）略云：

武宗即位，李德裕爲宰相，尤惡進士。至是德裕奏：「國家設科取士，而附黨背公，自爲門生，自今一見有司而止，其期集參謁曲江題名皆罷。」

舊唐書壹捌下宣宗紀大中元年二月丁酉禮部侍郎魏扶奏臣今年所放進士三十三人條略云：

帝（宣宗）雅好儒士，留心貢舉，有時微行人間，採聽輿論，以觀選士之得失。又敕：「自今進士放榜後，杏園任依舊宴集，有司不得禁制！」

寅恪案：宣宗朝政事事與武宗朝相反，進士科之好惡崇抑乃其一端，而此點亦即牛李二黨進退榮辱之表徵也。請更取證于下列史料：

唐語林肆企羨類(參説郛柒叁引盧氏雜説)云：

宣宗愛羡進士，每對朝臣，問登第否？有以科名對者，必有喜。便問所試詩賦題并主司姓名，或有人物優而不中者，必嘆息久之。嘗于禁中題「鄉貢士李道龍」(寅恪案：可參同書同卷同類宣宗好儒條「殿柱自題曰：鄉貢進士李某」)。

又同書同類(參東觀奏記上)略云：

宣宗尚文學，尤重科名。大中十年鄭顥知舉，宣宗索登科記，敕翰林：「今後放榜，仰寫及第人姓名及所試詩賦題目，仰所司逐年編次！」

夫大中一朝爲純粹牛黨當政李黨在野之時期，宣宗之愛羡進士科至于此極，必非偶然也。

又張爾田先生玉溪生年譜會箋叁大中二年下引沈曾植先生之言曰：

唐時牛李兩黨以科第而分，牛黨重科舉，李黨重門第。

寅恪案：　乙盦先生近世通儒，宜有此卓識，其所謂「牛黨重科舉者」自指重進士科而言也。或疑問曰：　牛黨中以進士科出身者如李珏，則系出趙郡李氏（見前引東觀奏記上，并參唐語林叁識鑑類及舊唐書壹柒叁新唐書壹捌貳李珏傳等），李宗閔則爲唐宗室，而鄭王元懿之四世孫（見舊唐書壹柒陸新唐書壹柒肆李宗閔傳及新唐書柒拾下宗室世系表小鄭元王房條等），至黨魁牛僧孺更是隋代達官兼名儒牛弘之八世孫，且承其賜田賜書之遺業，并以進士擢第者（見舊唐書壹柒貳新唐書壹柒肆牛僧孺傳及唐文粹陸伍李珏撰牛僧孺神道碑、杜牧樊川集柒牛僧孺墓志銘等），然則牛黨鉅子俱是北朝以來之舊門及當代之宗室，而李黨之健者如陳夷行、李紳、李回、李讓夷之流復皆以進士擢第（見舊唐書壹柒叁新唐書壹捌壹陳夷行傳、舊唐書壹柒叁新唐書壹捌壹李紳傳、舊唐書壹柒叁新唐書壹叁壹李回傳、舊唐書壹柒陸新唐書壹捌壹李讓夷傳等），是李黨亦重進士之科，前所謂牛李黨派之分野在科舉與門第者，毋乃不能成立耶？應之曰：　牛李兩黨既産生于同一時間，而地域又相錯雜，則其互受影響，自不能免，但此爲少數之特例，非原則之大概也。故互受影響一事可以不論，所可論者約有三端：一曰牛李兩黨之對立，其根本在兩晉、北朝以來山東士族與唐高宗、武則天之後由進士詞科進用之新興階級兩者互不相容，至于李唐皇室在開國初期以屬于關隴集團之故，雖與山東舊族頗無好感，及中葉以後山東舊族與新興階級生死競争之際，遠支之宗室其政治社會之地位實已無大别于一般士族。如新唐書柒拾上宗室世系表所云：

> 唐有天下三百年，子孫蕃衍，可謂盛矣。其初皆有封爵，至其世遠親盡，則各隨其人賢愚，遂與異姓之臣雜而仕宦，至或流落于民間，甚可嘆也。

故對于此新舊兩統治階級之鬥争，傳處于中立地位，既自可牛，此李宗閔之所以爲牛黨也，亦復可李，此李回之所以爲李黨也。二曰：凡山東舊族挺身而出，與新興階級作殊死鬥者，必其人之家族尚能保持舊有之特長，如前所言門風家學之類，若鄭覃者，即其一例也。亦有雖號爲山東舊門，而門風廢替，家學衰落，則此破落户之與新興階級不獨無所分别，且更宜與之同化也。茲更舉數例以爲證明，而解疑惑焉。

舊唐書壹叁陸崔損傳（新唐書壹陸柒崔損傳同）略云：

崔損，博陵人，高祖行功已後名位卑替，大曆末進士擢第。户部尚書裴延齡素與損善，乃薦之于德宗，（貞元）十二年以本官（右諫議大夫）同中書門下平章事。（損）身居宰相，母野殯，不言展墓，不議遷祔，姊爲尼，没于近寺，終喪不臨，士君子罪之。

同書同卷盧邁傳（新唐書壹伍拾盧邁傳同）略云：

盧邁，范陽人，少以孝友謹厚稱，深爲叔舅崔祐甫所親重，兩經及第，遷尚書右丞，（貞元）九年以本官同中書門下平章事。（邁）友愛恭儉，從父弟记爲劍南西川判官，卒于成都，歸葬于洛陽，路由京師，邁奏請至城東，哭于其柩，許之。近代宰臣多自以爲崇重，五服之親或不過從吊臨，而邁獨振薄俗，請臨弟喪，士君子是之。

同書壹捌捌孝友傳崔沔傳（新唐書壹貳玖崔沔傳同，參顔魯公文集壹肆博陵崔孝公室陋室銘記）略云：

崔沔，京兆長安人，自博陵徙關中，世爲著姓。沔淳謹，口無二言，事親至孝，博學有文詞，母卒，哀毁逾禮。沔善禮經，朝廷每有疑義，皆取決焉。

同書壹壹玖崔祐甫傳（新唐書壹肆貳崔祐甫傳同）略云：

崔祐甫，父沔黄門侍郎，謚曰孝公。家以清儉禮法爲士流之則。安禄山陷洛陽，士庶奔迸，祐甫獨崎危于矢石之間，潛入私廟，負木主以竄。常衮當國，非以辭賦登科者莫得進用（此語前已引），及祐甫代衮，薦延推舉，無復疑滯，日除十數人，作相未逾年凡除吏八百人，多稱允當。朱泚之亂，祐甫妻王氏陷賊中，泚以嘗與祐甫同列，雅重其爲人，乃遺王氏繒帛菽粟，王氏受而緘封之。及德宗還京，具陳其狀以獻，士君子益重祐甫家法，宜其享令名也。

據此，知崔損雖與沔、祐甫同屬博陵崔氏，而一爲當世所鄙薄之「破落户」，一爲禮法名家。盧邁既是祐甫之甥，其以孝友恭儉著稱，必受其父母兩系門風之薰習無疑。然則崔沔、祐甫、盧邁之流，乃真山東舊族之代表，可與新興階級對壘相抗者也。又舊唐書壹壹玖常衮傳（新唐書壹伍拾常衮傳同）云：

天寶末舉進士，(作相)尤排擯非辭科登第者。而祐甫代袞，用人不拘于進士，豈其意旨與李德裕、鄭覃所持之説亦有合歟？是前日常崔之異同，即後來牛李之争執，讀史者不可不知其一貫之聯繫也。三曰：凡牛黨或新興階級所自稱之門閥多不可信也，如杜牧樊川集柒牛僧孺墓志銘(參考舊唐書壹柒貳新唐書壹柒肆牛僧孺傳及唐文粹伍陸李珏撰牛僧孺神道碑、新唐書伍柒上宰相世系表牛氏條等)云：

八代祖弘以德行儒行相隋氏，封奇章郡公，贈文安侯。文安後四世緯鳳及，仕唐爲中書門下侍郎監修國史，于公爲高祖。文安後五世集州刺史贈給事中諱休克，于公爲曾祖。集州生太常博士贈太尉紹。太尉生華州鄭縣尉贈太保諱幼聞。太保生公，孤始七歲，長安下杜樊鄉東文安有隋氏賜田數頃，書千卷尚存。

寅恪案：新唐書柒伍上宰相世系表牛氏條與牧之文微有出入。牛弘仕隋，官至吏部尚書，迄未嘗一爲宰相(見隋書肆玖北史柒貳牛弘傳，但兩唐書牛僧孺傳皆謂弘爲僕射，似因此可稱「相隋」，考舊史弘傳止載弘卒後贈開府儀同三司光禄大夫，并未言贈僕射。又李珏撰牛僧孺神道碑雖亦言賜田等事，但無牛弘相隋之語，通鑑貳叁柒元和三年夏四月條胡注則云：「牛弘相隋」，蓋承昔人之誤也。可詳考通典貳壹職官典叁宰相條，兹不備論），殆以吏部尚書當天官冢宰之誤。然此等俱無關宏旨，可不深論。獨家有牛弘隋代賜田一事，似僧孺與弘之血統關係確鑿可信，但一取與此相類之事即僧孺同黨白居易、敏中兄弟家所謂前代先祖賜田者考之，則又不能不使人致疑于新興階級之多所依托也。

白氏長慶集貳玖襄州别駕府君事狀云：

初高祖贈司空有功于北齊，詔賜莊宅各一區，在同州韓城縣，至今存焉。

此所謂有功于北齊之司空即白建也。據北齊書肆拾白建傳（北史伍伍白建傳略同）略云：

白建字彦舉，武平七年卒，贈司空。

是白建卒于北齊未亡以前。其生存時期，周齊二國東西并峙，互相争競。建爲齊朝主兵之大臣，其所賜莊宅何得越在同州韓城，即仇讎敵國之内乎？其爲依托，不待辨説也。又新唐書柒伍下宰相世系表白氏條列白居易、敏中之先世云：

白建字彦舉，後周弘農郡守邵陵縣男。

此白建既字彦舉，與北齊主兵大臣之姓氏名字俱無差異，是即白香山所自承之祖先也。但其官則爲北周弘農郡守，與北齊贈司空之事絶不能相容，其間必有竄改附會，自無可疑。豈居易、敏中之先世賜田本屬于一後周姓白名某字某之弘農郡守，而其人卻是樂天兄弟真正之祖宗，故其所賜莊宅能在後周境内，後來子孫遠攀異國之貴顯，遂致前代祖宗横遭「李樹代桃」之阨耶？今雖難確定此一重公案，而新興階級所謂前代賜田之不能作絶對可信之物證，亦由是得以推知也。至白氏親舅甥之婚配（見近刊羅貞松先生遺稿），乃新興階級之陋習，宜其爲尊尚禮法門風之山東舊族所鄙薄。又白香山之違犯當時名教，坐不孝貶官，雖有政治性質，終亦與其門族淵源不無關係，但非茲篇所能旁及者矣。

復次，舊唐書壹柒貳令狐楚傳（新唐書壹陸陸令狐楚傳略同）云：

令狐楚自言國初十八學士德棻之後。

新唐書令狐楚傳雖刪去「自言」二字，據其書柒伍下宰相世系表令狐氏條，楚實非出自德棻。然則舊傳「自言」之語固不應刪也。夫楚綯父子繼世宰相，尤爲牛黨之中堅，而其家世譜牒之有所依托，亦與白敏中相同。是牛黨或新興階級所自稱之門閥不足信賴，觀此可知也。

又就牛李黨派之分畫以進士科及舊門族爲標識一點尚有須注意者，即李栖筠在天寶末年已以仕進無他塗，不得不舉進士（見前引舊唐書武宗紀中李德裕語），則貞元以後宰相多以翰林學士爲之，而翰林學士復出自進士詞科之高選，山東舊族苟欲致身通顯，自宜趨赴進士之科，此山東舊族所以多由進士出身，與新興階級同化，而新興階級復已累代貴仕，轉成喬木世臣之家矣。如楊收一門者可謂唐末五代間之世家也，觀舊唐書壹柒柒楊收傳所云：

楊收自言隋越公素之後。

論曰：「門非世胄，位以藝升。」

可爲一例。然唐末黄巢失敗後，朱全忠遂執統治之大權。凡藉進士詞科仕進之士大夫，不論其爲舊族或新門，俱目爲清流，而使同罹白馬之禍，斯又中古政治社會之一大變也（見舊唐書貳拾哀帝紀天祐二年三月癸巳敕文、壹壹叁裴遵慶傳附樞傳及新唐書壹肆拾裴遵慶傳附樞傳等）。

又唐代新興之進士詞科階級異于山東之禮法舊門者，尤在其放浪不羈之風習。故唐之進士一科與倡伎文學有密切關係，孫棨北里志所載即是一證。又如韓偓以忠節著聞，其平生著述中香奩一集，淫艷之詞亦大抵應進士舉時所作（寅恪案：此集冬郎自序中「大盗入關」之語實指黄巢陷長安而言。震鈞即唐晏作韓承旨年譜乃誤以大盗屬之朱全忠，遂解釋詩旨，多所附會，殊不可信也，以不在此篇範圍，故不詳辨）。然則進士之科其中固多浮薄之士，李德裕、鄭覃之言殊未可厚非，而數百年社會階級之背景實與有關涉，抑又可知矣。

如牛黨之才人杜牧，實以放浪著稱。唐語林柒補遺所載杜牧少登第恃才喜酒色條，杜舍人牧恃才名頗縱酒色條，及其樊川集中遺懷七絶「十年一覺揚州夢，贏得青樓薄倖名」之句等皆是其證例。或疑其祖佑既爲宰相，而兼通儒，是其人乃名家之子弟，似不可列之新興階級中。但詳考其家世風習，則知佑之父希望實以邊將進用（見新唐書壹陸陸杜佑傳及唐文粹陸捌權德輿撰杜佑墓志銘），雖亦號爲舊家，并非士大夫之勝流門族。舊唐書壹肆柒杜佑傳（新唐書壹陸陸杜佑傳同）云：

（佑）在淮南時，妻梁氏亡後，昇嬖妾李氏爲正室，封密國夫人，親族子弟言之，不從，時論非之。（寅恪案：權文公銘佑之墓，而不載李氏者，殆爲之諱耶？）

又同書壹貳肆李正己傳附師古傳（新唐書貳壹叁藩鎮淄青李正己傳附師古傳同）云：

（貞元）十五年正月，師古、杜佑、李欒妾媵并爲國夫人。

又同書壹叁伍李齊運傳（新唐書壹陸柒李齊運傳同）云：

末決以妾衛氏爲正室，身爲禮部尚書冕服以行其禮，人士嗤誚。

又同書壹捌捌孝友傳李日知傳（新唐書壹壹陸李日知傳同）略云：

（日知）卒後，少子伊衡以妾爲妻，家風替矣。

夫杜氏既號稱舊門（見新唐書柒貳上宰相世系表杜氏條），而君卿所爲乃與胡族武人同科，在當時士論，至少亦有如李伊衡之「以妾爲妻，家風替矣」之嘆。若取較山東士族仍保持其閨門禮法者，固區以别矣。然則牧之以進士擢第，浮華放浪，投身牛黨，不獨其本人性質近似使然，亦其家世風習與新興階級符合所致，實可與前述博陵崔損事并論，蓋雖俱稱舊門，仍不妨列之新興階級中也（可取兩唐書杜佑傳附牧傳與唐語林柒補遺杜牧少登第恃才喜酒色條附載牧子晦辭亦好色事互相參證。知其家風固習于浮薄，不同山東禮法舊門也）。

至于李商隱之出自新興階級，本應始終屬于牛黨，方合當時社會階級之道德，乃忽結婚李黨之王氏，以圖仕進。不僅牛黨目以放利背恩，恐李黨亦鄙其輕薄無操。斯義山所以雖秉負絶代之才，復經出入李牛之黨，而終于錦瑟年華惘然夢覺者歟？此五十載詞人之淒涼身世固極可哀傷，而數百年社會之壓迫氣流尤爲可畏者也（參舊唐書壹玖拾下文苑傳、新唐書貳佰叁下李商隱傳）。

若柳仲郢處牛李二黨之間，則與義山不同，舊唐書壹陸伍柳公綽傳附仲郢傳（新唐書壹陸叁柳公綽傳附仲郢傳同）略云：

（公綽）子仲郢，元和十三年進士擢第，牛僧孺鎮江夏，辟爲從事。仲郢有父風，動修禮法。僧孺嘆曰：「非積習名教，安能及此？」（後李）德裕奏爲京兆尹，謝日言曰：「下官不期太尉恩獎及此！仰報厚德，敢不如奇章門館。」德裕不以爲嫌。仲郢嚴禮法，重氣義，嘗感李德裕之知。大中朝，李氏無禄仕者，仲郢領鹽鐵時，取德裕兄子從質知蘇州院事，令以禄利贍南宅。令狐綯爲宰相，頗不悦。仲郢與綯書自明，綯深感嘆，尋與從質正員官。仲郢以禮法自持，私居未嘗不拱手，内齋未嘗不束帶。三爲大鎮，廐無名馬，衣不薰香，退公布卷，不捨晝夜。子玭嘗著書誡其子弟。初公綽理家甚嚴，子弟克禀誡訓，言家法者世稱柳氏云。

考柳氏雖是舊門，然非山東冠族七姓之一，公綽、仲郢父子所出，亦非柳氏顯著之房望（見新唐書柒叁上宰相世系表柳氏條），獨家風修整，行誼敦篤，雖以進士詞科仕進（公綽舉賢良方正直言極諫科），受牛僧孺之知獎，自可謂之牛黨，然終用家門及本身之儒素德業，得見諒于尊尚門風家學之山東舊族李德裕，故能置身牛李恩怨之外，致位通顯，較李商隱之見棄于兩黨，進退維谷者，誠相懸遠矣。君子讀史見玉溪生與其東川府主升沈榮悴之所由判，深有感于士之自處，雖外來之世變縱極紛歧，而内行之修謹益不可或闕也。

牛李黨派之社會背景及其分野界畫既略闡明，其朝政競爭勝敗進退之史實始易于解釋。前論唐代中央政變皇位繼承不固定之事迹至德順之間而止，兹請續述順憲間永貞内禪隱秘之内容。但因永貞内禪爲内廷閹寺與外朝士大夫黨派鈎結之一顯著事例，而牛李黨派實又起于憲宗元和時之故，此後即取内外朝之黨派與皇位繼承二事合并言之。所以然者，不僅爲紀述便利計，亦因此二事原有内在之關聯性，不得分隔論之也。關于永貞内禪之隱秘，寅恪已于拙著順宗實録與續玄怪録專論之（載北京大學四十周年紀念論文甲編）。故兹于順宗實録避免繁冗，僅録其條目，而略其原文，别更節寫其他關于此事者于韓書之後，以供參證焉。

韓愈順宗實録壹之

（王）伾以（王）叔文意入言于宦者李忠言，稱詔宣下條。

同書叁之

叔文欲帶翰林學士，宦者俱文珍等惡其專權，削去翰林之職條。

同書肆之

天下事皆專斷于叔文，而王伾、李忠言爲之内主，（韋）執誼執行于外，而中官劉光琦、俱文珍、薛盈珍、尚解玉者皆先朝任使舊人同心猜怨條。

同書伍之

叔文入至翰林，伾入至柿林院，見李忠言、牛昭容條。

新唐書貳佰柒宦者傳上劉貞亮即俱文珍傳（舊唐書壹捌肆宦官傳俱文珍傳同）略云：

貞元末宦人領兵，附者益衆。會順宗立，淹痼弗能朝，惟（宦者）李忠言、牛美人侍。美人以帝旨付忠言，忠言授王叔文，叔文與柳宗元等裁定，然後下中書，然未得縱，欲遂奪神策兵以自强，即用范希朝爲京西禁軍都將，收宦者權。而忠言素懦謹，每見叔文，與論事，無敢異同。唯貞亮乃與之爭，又惡朋黨熾結，因與中人劉光琦、薛文珍、尚衍解玉、吕如全等同勸帝立廣陵王爲太子監國，帝納其奏。元和八年卒，憲宗思其翊戴之功，贈開府儀同三司。（此十五字舊傳之文）

舊唐書壹伍玖路隨傳（新唐書壹肆貳路隨傳同）略云：

初韓愈撰順宗實録，説禁中事頗切直，内官惡之，往往于上前言其不實，累朝有詔修改。及隨進憲宗實録，文宗復令改正永貞時事。隨奏曰：「伏望條示舊記最錯誤者，宣付史官，委之修定。」詔曰：「其實録中所書德宗、順宗朝禁中事宜，令史官詳正刊去，其他不必更修！」

寅恪案：憲宗之得立爲帝，實由宦者俱文珍等之力。文珍與其同類李忠言異趣，故内廷文珍之黨競勝，王伾、王叔文固不待論，而外廷之士大夫韋執誼、劉禹錫、柳宗元等遂亦不得不退敗矣。韓退之本與文珍有連（見昌黎外集叄送俱文珍序及王鳴盛蛾術編伍柒），其述永貞内禪事，頗袒文珍等。其公允之程度雖有可議，而其紀内廷宦官之非屬一黨及壓迫順宗擁立憲宗之隱秘轉可信賴。惟其如此，後來閹寺深不欲外人窺知，所以屢圖毁滅此禁中政變之史料也。劉禹錫夢得外集玖子劉子自傳述永貞内禪事云：

時太上（順宗）久寢疾，宰臣用事者都不得召對，而宫掖事秘，建桓立順，功歸貴臣。

夢得在當時政治上與退之處于反對地位者（觀昌黎集壹赴江陵途中詩「同官盡才俊，偏善柳與劉，或慮言語泄，傳之落冤讎」等語。又叄永貞行及憶昨行詩「伾文未揃崖州熾，雖得赦宥恒愁猜」之句，可以爲證，其詳不能于此言之也），而所言禁中事亦與退之相同。然則韓劉之述作皆當時俱文珍一黨把持宫掖脅迫病君擁立皇子之實録，而永貞内禪乃唐代皇位繼承之不固定及内廷閹寺黨派影響于外朝士大夫之顯著事例也。

又舊唐書壹伍玖崔群傳（新唐書壹陸伍崔群傳同）云：

群臣議上尊號，皇甫鎛欲加「孝德」二字。群曰：有「睿聖」，則「孝德」在其中矣。竟爲鎛所構，憲宗不樂，出爲湖南觀察都團練使。

寅恪案：皇甫鎛以靳惜「孝德」二字構崔群，憲宗竟信其語，因之不樂而出群。據此，憲宗之于其父，似内有慚德也。然則永貞内禪一役必有隱秘不能昌言者，從可知矣。

牛李黨派之争起于憲宗之世，憲宗爲唐室中興英主，其爲政宗旨在矯正大曆、貞元姑息苟安之積習，即用武力削平藩鎮，重振中央政府之威望。當時主張用兵之士大夫大抵屬于後來所謂李黨，反對用兵之士大夫則多爲李吉甫之政敵，即後來所謂牛黨。而主持用兵之内廷閹寺一派又與外朝之李黨互相呼應，自不待言。是以元和一朝此主用兵派之閹寺始終柄權，用兵之政策因得以維持不改。及内廷閹寺黨派競争既烈，憲宗爲别一反對派之閹寺所弑，穆宗因此輩弑逆徒黨之擁立而即帝位，于是「銷兵」之議行，而朝局大變矣（後來牛李二黨魁維州之異同與此點亦有關，不僅由僧孺之嫉功也。可參考舊唐書壹柒貳新唐書壹柒肆牛僧孺傳及唐文粹伍陸李珏撰牛僧孺神道碑、杜牧樊川集柒牛僧孺墓志銘，而通鑑貳肆柒會昌三年三月條司馬光之論及胡三省之注尤可注意也）。

舊唐書壹捌肆宦官傳吐突承璀傳（新唐書貳佰柒宦者傳上吐突承璀傳同）略云：

吐突承璀幼以黄門直東宫，憲宗即位，授内常侍，知内侍省事，俄授左軍中尉。（元和）四年王承宗叛，詔以承璀爲河中等道赴鎮州行營兵馬招討等使。諫官上疏相屬，皆言：「自古無中貴人爲兵馬統帥者」，憲宗不獲已，改爲充鎮州已東招撫處置等使。出師經年無功，承璀班師，仍爲禁軍中尉。段平仲抗疏，極論承璀輕謀弊賦，請斬之以謝天下。憲宗不獲已，降爲軍器使，俄復爲左衛上將軍知内侍省事，出爲淮南節度監軍使，上待承璀之意未已，而宰相李絳在翰林時數論承璀之過，故出之。八年欲召承璀還，乃罷絳相位，承璀還復爲神策中尉。惠昭太子薨，承璀建議請立澧王寬爲太子，憲宗不納，立遂王宥。穆宗即位，銜承璀不佑己，誅之。

同書壹陸肆李絳傳（新唐書壹伍貳李絳傳多采李相國論事集，可參讀）云：

吐突承璀恩寵莫二，是歲（元和六年）將用絳爲宰相，前一日出承璀爲淮南監軍，翌日降制，以絳爲中書侍郎同中書門下平章事。同列李吉甫便僻善逢迎上意，絳梗直多所規諫，故與吉甫不協，時議者以吉甫通于承璀，故絳尤惡之。

同書壹肆捌李吉甫傳（新唐書壹肆陸李栖筠傳附吉甫傳同）云：

劉闢反，帝（憲宗）命誅討之，計未決，吉甫密贊其謀，兼請廣徵江淮之師，由三峽路入，以分蜀寇之勢，事皆允從，由是甚見親信。淮西節度使吴少陽卒，其子元濟請襲父位，吉甫以淮西内地，不同河朔，且四境無黨援，國家常宿數十萬兵以爲守禦，宜因時而取之，頗叶上旨，始爲經度淮西之謀。

新唐書貳佰壹文藝傳上元萬頃傳附義方傳（通鑑貳叁捌元和七年正月辛未條同）云：

歷商虢二州刺史福建觀察使，中官吐突承璀閩人也，義方用其親屬爲右職，李吉甫再當國，陰欲承璀奥助，即召義方爲京兆尹。（寅恪案：新唐書及通鑑俱采自李相國論事集。）

寅恪案：憲宗與吐突承璀之關係可謂密切矣。故元和朝用兵之政策必爲在内廷神策中尉吐突承璀所主持，而在外朝贊成用兵之宰相李吉甫其與承璀有連，殊不足異也。至舊唐書壹叁柒呂渭傳附温傳（新唐書壹陸拾呂渭傳附温傳同）云：

（元和）三年吉甫爲中官所惡，將出鎮揚州，温欲乘其有間，傾之。

其所謂中官疑是宦官中之别一黨派，與吐突承璀處于反對之地位者也。

舊唐書壹陸柒李逢吉傳（新唐書壹柒肆李逢吉傳同，并參舊唐書壹柒貳新唐書壹陸陸令狐楚傳）云：

時用兵討淮蔡，憲宗以兵機委裴度。逢吉慮其成功，密沮之，繇是相惡。及度親征，學士令狐楚爲度制辭，言不合旨。楚與逢吉相善，帝皆黜之，罷楚學士，罷逢吉政事。

同書壹柒拾裴度傳（新唐書壹柒叁裴度傳同，并參舊唐書壹柒貳新唐書壹佰壹蕭瑀傳附俛傳、舊唐書壹陸捌新唐書壹柒柒錢徽傳等）云：

先是詔群臣各獻誅吴元濟可否之狀，朝臣多言罷兵赦罪爲便，翰林學士錢徽蕭俛語尤切。唯度言：賊不可赦。

寅恪案：元和廷議用兵淮蔡之時，憲宗總持于上，吐突承璀之流主張于内，而外朝士大夫持論雖有異同，然其初未必遽有社會階級之背景存乎其間也。不意與吐突承璀交結贊助用兵出自山東舊門之外廷宰相李吉甫，其個人適爲新興階級之急進派牛僧孺等所痛詆，竟釀成互相報復之行動。夫兩派既勢不并立，自然各就其氣類所近招求同黨，于是兩種不同社會階級争取政治地位之競争，遂因此表面形式化矣。及其後鬥争之程度隨時間之久長逐漸增劇，當日士大夫縱欲置身于局外之中立，亦幾不可能。如牛黨白居易之以消極被容（樂天幸生世較早耳，若升朝更晚，恐亦難幸免也），柳仲郢之以行誼見諒，可謂例外。其餘之人若無固定顯明之表示，如出入牛李未能始終屬于一黨之李商隱，則卒爲兩黨所俱不收，而「名宦不進，坎壈終身」（舊唐書壹玖拾下文苑傳下李商隱傳語）。此點爲研究唐代中晚之際士大夫身世之最要關鍵，甚不可忽略者也。

舊唐書壹柒陸李宗閔傳（新唐書壹柒肆李宗閔傳同，并參考新唐書壹柒肆牛僧孺傳、舊唐書壹肆捌新唐書壹陸玖裴垍傳、舊唐書壹伍捌新唐書壹陸玖韋貫之傳、舊唐書壹陸肆新唐書壹陸叁楊于陵傳、舊唐書壹陸玖新唐書壹柒玖王涯傳、舊唐書壹肆憲宗紀下元和三年夏四月條、通鑑貳叁柒元和三年四月條等）云：

李宗閔，宗室鄭王元懿之後，貞元二十一年進士擢第，元和四年（寅恪案：四年當作三年）復登制舉賢良方正科。初宗閔與牛僧孺同年登進士第，又與僧孺同年登制科。應制之歲，李吉甫爲宰相當國，宗閔、僧孺對策指切時政之失，言甚鯁直，無所回避。考策官楊于陵、韋貫之、李益等又第其策，爲中等，又爲不中第者注解牛李策語，同爲唱誹。又言：翰林學士王涯甥皇甫湜中選，考核之際不先上言，裴垍時爲學士，居中覆視，無所異同。吉甫泣訴于上前，憲宗不獲已，罷王涯、裴垍學士。垍守户部侍郎，涯守都官員外郎，吏部尚書楊于陵出爲嶺南節度使，吏部員外郎韋貫之出爲果州刺史，王涯再貶虢州司馬，貫之再貶巴州刺史。僧孺、宗閔亦久之不調，隨牒諸侯府，七年吉甫卒，方入朝爲監察御史。

舊唐書壹柒壹張仲方傳（新唐書壹貳陸張九齡傳附仲方傳同，并參考白氏長慶集陸壹張仲方墓志銘）略云：

張仲方，韶州始興人，伯祖文獻公九齡開元朝名相。仲方貞元中進士擢第，宏辭登科，歷侍御史倉部員外郎。會吕温、羊士諤誣告宰相李吉甫陰事，二人俱貶。仲方坐吕温貢舉門生，出爲金州刺史（寅恪案：此亦座主門生關係密切之例證）。吉甫卒，入爲度支郎中。時太常定吉甫謚爲恭懿，博士尉遲汾請爲敬憲。仲方駁議曰：「兵者凶器，不可從我始。師徒暴野，戎馬生郊，僵尸血流，胔骼成岳，酷毒之痛號訴無辜。勦絶群生，迨今四載，禍胎之肇實始其謀。請俟蔡寇將平，天下無事，然後都堂聚議，謚亦未遲。」憲宗方用兵，惡仲方深言其事，怒甚，貶爲遂州司馬。

同書壹柒貳蕭俛傳（新唐書壹佰壹蕭瑀傳附俛傳同）略云：

蕭俛曾祖太師徐國公嵩開元中宰相，俛貞元七年進士擢第，元和六年召充翰林學士，九年改駕部郎中，知制誥，内職如故，坐與張仲方善。仲方駁李吉甫謚議，言用兵徵發之弊由吉甫而生。憲宗怒，貶仲方，俛亦罷學士，左授太僕少卿。

同書壹柒玖蕭遘傳（新唐書壹佰壹蕭瑀傳附遘傳同）略云：

蕭遘，蘭陵人，開元朝宰相太師徐國公嵩之四代孫（寅恪案：「四」字誤）。遘以咸通五年登進士第，志操不群，自比李德裕，同年皆戲呼「太尉」。

寅恪案：新興階級黨派之構成，進士詞科同門之關係乃一重要之點，前論李絳及楊嗣復事已涉及之。今觀李宗閔傳，益爲明顯。至李吉甫爲人固有可議之處，而牛李詆斥太甚，吉甫亦報復過酷，此所以釀成士大夫黨派競爭數十年不止也。張仲方乃九齡之侄孫，九齡本爲武后所拔擢之進士出身新興階級。據大唐新語柒識量篇（參考舊唐書壹佰陸李林甫傳、新唐書壹貳陸張九齡傳、通鑑貳壹肆開元二十四年冬十月條）云：

牛仙客爲涼州都督，節財省費，軍儲所積萬計。玄宗大悅，將拜爲尚書，張九齡諫曰：「不可。」玄宗怒曰：「卿以仙客寒士嫌之耶？若是，如卿豈有門籍？」九齡頓首曰：「（臣）荒陬賤類，陛下過聽，以文學用臣；仙客起自胥史，目不知書，韓信淮陰一壯士耳，羞與絳灌同列，陛下必用仙客，臣亦恥之。」

又國史補上（參考太平廣記壹捌肆氏族類）云：

張燕公好求山東婚姻，當時皆惡之，及後與張氏爲親者乃爲甲門。

及新唐書壹玖玖儒學傳中孔若思傳附至傳云：

明氏族學，與韋述、蕭潁士、柳沖齊名，撰百家類例，以張説等爲「近世新族」，剟去之。説子垍方有寵，怒曰：「天下族姓何豫若事，而妄紛紛邪？」垍弟素善至，以實告。初，書成，示韋述，述謂可傳，及聞垍語，懼，欲更增損。述曰：「止！丈夫奮筆成一家書，奈何因人動搖，有死，不可改！」遂罷。時述及潁士、沖皆撰類例，而至書稱工。

可知始興張氏實爲以文學進用之寒族，即孔至之所謂「近世新族」之列。宜乎張説與九齡共通譜牒，密切結合，由二人之氣類本同也。因是，九齡侄孫仲方與山東舊門李吉甫氣類絶不相近，亦成爲反對之黨。若蘭陵蕭氏元是後梁蕭詧之裔，而加入關隴集團，與李唐皇室對于新舊兩階級之争得處于中立地位者相似。故蕭俛由進士出身，成爲牛氏之黨，而蕭遘雖用進士擢第，轉慕李文饒之爲人，乃取以自況也。

元和朝雖號稱中興，然外朝士大夫之黨派既起，内廷閹寺黨派之競争亦劇，遂至牽涉皇位繼承問題，而憲宗因以被弑矣。

舊唐書壹柒伍澧王惲傳（新唐書捌貳澧王惲傳同）云：

澧王惲，憲宗第二子也，本名寬。吐突承璀恩寵特異，惠昭太子薨，議立儲貳，承璀獨排衆議屬澧王，欲以威權自樹。賴憲宗明斷不惑，及憲宗晏駕承璀賜死，王亦薨于其夕。

同書壹伍玖崔群傳(新唐書壹陸伍崔群傳同)云:

元和七年,惠昭太子薨,穆宗時爲遂王,憲宗以澧王居長,且多内助,將建儲貳,命群與澧王作讓表。群上言曰:「大凡己合當之,則有陳讓之儀;己不合當,因何遽有讓表?今遂王嫡長,所宜正位青宫。」竟從其奏。

同書壹捌肆宦官傳吐突承璀傳(新唐書貳佰柒宦者傳上吐突承璀傳同)云:

惠昭太子薨,承璀建議請立澧王寬爲太子,憲宗不納,立遂王宥,穆宗即位,銜承璀不佑己,誅之。(前文已引,兹爲論述之便利,特重録之。)

同書同卷王守澄傳(新唐書貳佰捌宦者傳下王守澄傳同,并參考舊唐書壹肆新唐書柒憲宗紀及舊唐書壹伍玖新唐書壹肆貳韋處厚傳中「不諱内惡」之語)云:

憲宗疾大漸,内官陳弘慶等弑逆。憲宗英武,威德在人,内官秘之,不敢誅討,但云:藥發暴崩。時守澄與中尉馬進潭、梁守謙、劉承偕、韋元素等定册立穆宗皇帝。

通鑑貳肆壹元和十五年正月條(參考舊唐書壹貳拾新唐書壹叁柒郭子儀傳附釗傳)云:

初左軍中尉吐突承璀謀立澧王惲爲太子,上(憲宗)不許,及上寢疾,承璀謀尚未息,太子(穆宗)聞而憂之,密遣人問計于司農卿郭釗,釗曰:「殿下但孝謹以俟之,勿恤其他!」釗,太子之舅也。

新唐書捌宣宗紀云:

大中十二年二月廢穆宗忌日,停(穆宗)光陵朝拜及守陵宮人。

通鑑貳肆玖大中十二年二月甲子朔條紀此事,胡注云:

以陳弘志弑逆之罪歸穆宗也。

裴廷裕東觀奏記上云:

憲宗皇帝晏駕之夕,上(宣宗)雖幼,頗記其事,追恨光陵商臣之酷,即位後,誅鉏惡黨無漏網者。郭太后以上英察孝果，且懷慚懼。時居興慶宮，與一二侍兒同升勤政樓，倚衡而望，便欲殞于樓下，欲成上過，左右急持之。即聞于上，上大怒，其夕太后暴崩，上志也。

通鑑考異大中三年條引(宣宗)實録，并附按語云：

(大中三年)五月戊寅以太皇太后寢疾，權不聽政，宰臣率百寮問太后起居。己卯復問起居，下遺令。是日太后崩。初上(宣宗)篡位，以憲宗遇弑，頗疑太后在黨中，至是暴得疾崩，帝之志也。六月貶禮院檢討官王皞爲潤州句容令，以皞抗疏請郭后合葬景陵(憲宗陵名)配饗憲宗廟室故也。

(司馬光)按，實録所言暴崩事，皆出東觀奏記，若實有此事，則既云「是夕暴崩」，何得一日先下詔云「以太后寢疾，權不聽政」?若無此事，廷裕豈敢輒誣宣宗?或者，郭后實以病終，而宣宗以平日疑忿之心，欲黜其禮，故皞争之，疑以傳疑，今參取之。

寅恪案：元和末年内廷閹寺吐突承璀一派欲以澧王惲繼皇位，王守澄一派欲立遂王宥即後來之穆宗，競争至劇。吐突承璀之黨失敗，憲宗遇弑，穆宗因得王守澄黨之擁戴而繼位矣。至郭后乃穆宗之生母，其預知弑逆之謀，似甚可能。司馬君實所論雖不失史家審慎忠厚之旨，但參取兩端，頗近模棱，難以信從。蓋裴廷裕比穆宗于商臣，若非確有所據，必不敢爲此誣妄之説也。鄙意郭后之暴崩儻果出于宣宗之志，則崩前一日何不可預作伏筆？或者，即因有前日寢疾之詔，遂促成次日暴崩之事乎？總之，宫掖事秘，雖不宜遽斷，然皇位繼承之不固定及閹寺黨派之競争二端，與此唐室中興英主憲宗之結局有關，則無可疑也（鍾輅前定録李生條亦紀懿安太后爲宣宗幽崩事，又日本僧圓仁入唐求法記肆所載郭太后被藥殺事，則年月名號俱有譌誤也）。

復次，内廷閹寺中吐突承璀之黨即主張用兵之黨既失敗，其反對黨得勝，擁立穆宗，故外朝宰相即此反對黨之附屬品，自然亦不主張用兵，而「銷兵」之議遂成長慶一朝之國策矣。

舊唐書壹陸穆宗紀云：

長慶元年二月乙酉天平軍節度使馬總奏：當道見管軍士三萬三千五百人，從去年正月已後，情願居農者放，逃亡者不捕。先是平定河南，及王承元去鎮州，宰臣蕭俛等不顧遠圖，乃獻「銷兵」之議，請密詔天下軍鎮，每年限百人内八人逃死，故總有是奏。

同書壹柒貳蕭俛傳（新唐書壹佰壹蕭瑀傳附俛傳略同）云：

穆宗乘章武（憲宗）恢復之餘，即位之始兩河廓定，四鄙無虞，而俛與段文昌屢獻太平之策，以爲兵以静亂，時已治矣，不宜黷武，勸穆宗休兵偃武，又以兵不可頓去，請密詔天下軍鎮有兵處每年百人之中限八人逃死，謂之「消兵」。帝既荒縱，不能深料，遂詔天下，如其策而行之。而藩籍之卒合而爲盗，伏于山林。明年朱克融、王廷凑復亂河朔，一呼而遣卒皆至。朝廷方徵兵諸藩，籍既不充，尋行招募，烏合之徒動爲賊敗，由此復失河朔，蓋「消兵」之失也。

寅恪案：「銷兵」之數每年僅限百分之八，且歷時甚短，其所以發生如是之大影響者，蓋當時河朔爲胡化區域，其兵卒皆善戰之人，既被裁遣，「合而爲盜」，遂爲朱克融、王廷湊所利用，而中央政府徵募之人自然不能與河朔健兒爲敵也。

又舊唐書壹陸陸元稹傳（新唐書壹柒肆元稹傳略同）云：

荆南監軍崔潭峻甚禮接稹，不以掾吏遇之，常徵其詩什諷誦之。長慶初潭峻歸朝，出稹連昌宫詞等百餘篇奏御，穆宗大悦。

新唐書壹柒玖李訓傳（參考新唐書貳佰捌宦者傳下王守澄傳）云：

宦人陳弘志時監襄陽軍，訓啓帝（文宗）召還，至青泥驛，遣使者杖殺之。復以計白罷（王）守澄觀軍容使，賜鴆死。又逐西川監軍楊承和、淮南韋元素、河東王踐言于嶺外，已行，皆賜死。而崔潭峻前物故，詔剖棺鞭尸，元和逆黨幾盡。

據新唐書李訓傳明言崔潭峻爲元和逆黨，但憲宗于元和十五年正月二十七日被弑，則舊唐書元稹傳「長慶初潭峻歸朝」之語微有未妥，故新唐書元稹傳改作「長慶初潭峻方親幸」也。夫潭峻既爲擁立穆宗之元和逆黨中人，其主張「銷兵」自不待言，于是知元才子連昌宮詞全篇主旨所在之結句「努力廟謨休用兵」一語，實關涉當時政局國策，世之治史讀詩者幸勿等閑放過也（參考一九三三年六月清華學報拙著讀連昌宮詞質疑。又宦官王踐言爲元和逆黨之一，而文宗大和九年八月丙申詔書以李德裕與之連結者，蓋踐言曾言送還吐蕃悉怛謀之非計，與德裕主張相合，李訓、鄭注遂藉之以爲説耳。詳見新唐書壹柒肆李宗閔傳、舊唐書壹柒肆新唐書壹捌拾李德裕傳等，兹不能悉論也）。

新唐書捌敬宗紀（參考舊唐書壹柒上敬宗紀）略云：

敬宗韓湛，穆宗長子也，始封鄂王，徙封景王。長慶二年穆宗因擊球暴得疾，不見群臣者三日，左僕射裴度三上疏請立皇太子，而翰林學士兩省官相次皆以爲言。穆宗疾少間，宰相李逢吉請立景王爲皇太子（癸巳詔以景王爲皇太子）。四年正月穆宗崩，丙子皇太子即皇帝位。

舊唐書壹柒叁李紳傳（新唐書壹捌壹李紳傳同）略云：

王守澄每從容謂敬宗曰：「陛下登九五，（李）逢吉之助也。先朝初定儲貳，唯臣備知。時翰林學士杜元穎、李紳勸立深王，而逢吉固請立陛下，李續之、李虞繼獻章疏。」帝雖沖年，亦疑其事。會逢吉言：「李紳在內署時，嘗不利于陛下，請行貶逐。」帝初即位，方倚大臣，不能自執，乃貶紳端州司馬。會禁中檢尋舊事，得穆宗時封書一篋，發之，得裴度、杜元穎與紳三人所獻疏，請立敬宗爲太子。帝感悟興嘆，悉命焚逢吉黨所上謗書。由是讒言稍息，紳黨得保全。

李德裕黨劉軻牛羊日曆云：

穆宗不豫，宰臣議立敬宗爲皇太子，時牛僧孺獨懷異志，欲立諸子。僧孺乃昌言于朝曰：「梁守謙、王守澄將不利于上」，又使楊虞卿漢公輩言于外曰：「王守澄欲謀廢立」，又于街衢門牆上施榜，每于穆宗行幸處路傍或苑內草間削白而書之，冀謀大亂。其兇險如此。

寅恪案：敬宗爲穆宗長子，故外朝諸臣請立爲皇儲，又值穆宗初即位，元和逆黨方盛之時，其黨魁王守澄既贊成其事，而穆宗不久即崩，其皇位繼承權所以幸未動摇也。然觀外廷士大夫如李逢吉、劉軻之流俱藉皇儲問題互詆其政敵，并牽涉禁中閹寺黨魁，則唐代皇位繼承之不固定及内廷閹寺黨派與外朝士大夫黨派互相關繫，于此復得一例證矣。

舊唐書壹柒上敬宗紀（新唐書捌敬宗紀同）云：

寶曆二年十二月辛丑帝夜獵還宫，與中官劉克明、田務成（成，通鑑作澄）、許文端打球，軍將蘇佐明、王嘉憲、石定克等二十八人飲酒。帝方酣，入室更衣，殿上燭忽滅，劉克明等同謀害帝，即時殂于室内。

新唐書捌文宗紀（舊唐書壹柒上文宗紀同）云：

文宗諱昂（初名涵），穆宗第二子也，始封江王。寶曆二年十二月敬宗崩，劉克明等矯詔，以絳王悟勾當軍國事。壬寅内樞密使王守澄、楊承和、神策護軍中尉魏從簡、梁守謙奉江王而立之，率神策六軍飛龍兵誅克明，殺絳王。

舊唐書壹伍玖韋處厚傳（新唐書壹肆貳韋處厚傳同）云：

寶曆季年急變中起，文宗底綏内難，詔命將降，未有所定。處厚聞難奔赴，昌言曰：「春秋之法，大義滅親，内惡必書，以明逆順，正名討罪，于義何嫌？安可依違，有所避諱？」遂奉藩教行焉。

通鑑貳肆叁寶曆二年十二月條云：

（宦官）劉克明等矯稱上（敬宗）旨，命翰林學士路隋草遺制，以絳王悟權勾當軍國事。壬寅宣遺制，絳王見宰相百官于紫宸殿外廡。克明欲易置内侍之執權者，于是樞密使王守澄、楊承和、中尉魏從簡、梁守謙定議，以衛兵迎江王涵入宫，發左右神策飛龍兵進討賊黨，盡斬之。克明赴井，出而斬之，絳王爲亂兵所害。

寅恪案：憲宗爲宦官所弑，閹人以其爲英武之主，威望在人，若發表實情，恐外間反對者藉此聲討其族類，故諱莫如深。前論順宗實録事引舊唐書路隋傳，可以爲證。及敬宗又爲宦官所弒，當時閹人初亦應有所顧慮，然其所以卒從韋處厚之説，公開宣布者，則由敬宗乃童昏之君，不得比數于憲宗，遂以爲無足諱言也。至敬宗及絳王悟之被弒害，與夫文宗之得繼帝位，均是內廷閹寺劉克明黨與王守澄黨競争下之附屬犠牲品及傀儡子耳，亦可憐哉！斯又唐代皇位繼承不固定與閹寺黨争關係之一例證也。

文宗一朝爲牛李黨人參雜并進競争紛劇之時期，故舊唐書壹柒陸李宗閔傳（新唐書壹柒肆李宗閔傳同）云：

文宗以二李（寅恪案：二李謂宗閔及德裕也，宗閔代表牛黨）朋黨，繩之不能去，嘗謂侍臣曰：「去河北賊非難，去此朋黨實難。」

夫唐代河朔藩鎮有長久之民族社會文化背景，是以去之不易，而牛李黨之政治社會文化背景尤長久于河朔藩鎮，且此兩黨所連結之宫禁閹寺，其社會文化背景之外更有種族問題，故文宗欲去士大夫之黨誠甚難，而欲去內廷閹寺之黨則尤難，所以卒受「甘露之禍」也。況士大夫之黨乃閹寺黨之附屬品，閹寺既不能去，士大夫之黨又何能去耶？及至唐之末世，士大夫階級暫時聯合，與閹寺全體敵抗，乃假借別一社會階級即黄巢餘黨朱全忠之武力，終能除去閹寺之黨。但士大夫階級本身旋罹摧殘之酷，唐之皇室亦隨以覆亡，其間是非成敗詳悉之史實雖于此不欲置論，而士大夫階級與閹寺階級自文宗以後，在政治上盛衰分合互相關涉之要點，則不得不述其概略也。

就牛李黨人在唐代政治史之進退歷程言之，兩黨雖俱有悠久之歷史社會背景，但其表面形式化則在憲宗之世。此後紛亂鬥争，愈久愈烈。至文宗朝爲兩黨參錯并進，競逐最劇之時。武宗朝爲李黨全盛時期，宣宗朝爲牛黨全盛時期，宣宗以後士大夫朋黨似已漸次消泯，無復前此兩黨對立、生死搏鬥之迹象，此讀史者所習知也。然試一求問此兩黨競争之歷程何以呈如是之情狀者，則自來史家鮮有解答。鄙意外朝士大夫朋黨之動態即内廷閹寺黨派之反影。内廷閹寺爲主動，外朝士大夫爲被動。閹寺爲兩派同時并進，或某一時甲派進而乙派退，或某一時乙派進而甲派退，則外朝之士大夫亦爲兩黨同時并進，或某一時甲黨進而乙黨退，或某一時乙黨進而甲黨退。迄至後來内廷之閹寺「合爲一片」（此唐宣宗語，見下文所引）全體對外之時，則内廷閹寺與外廷士大夫成爲生死不兩立之仇敵集團，終于事勢既窮，乞援外力，遂同受別一武裝社會階級之宰割矣。兹略引舊史，稍附論釋，藉以闡明唐代内廷閹寺與外朝士大夫黨派關聯變遷之歷程于下，或可少補前人之所未備言者歟？

舊唐書壹陸玖李訓傳（新唐書壹柒玖李訓傳同）略云：

文宗以宦者權寵太過，繼爲禍胎。元和末弑逆之徒尚在左右，雖外示優假，心不堪之。思欲芟落本根，以雪讎耻。九重深處，難與將相明言，前與侍講宋申錫謀，謀之不臧，幾成反噬（寅恪案：事見舊唐書壹陸捌新唐書壹伍貳宋申錫傳），自是巷伯尤横。因鄭注得幸（王）守澄，俾之援訓，冀黄門不疑也。訓既秉權衡，即謀誅内竪。中官陳弘慶者，自元和末負弑逆之名，忠義之士無不扼腕。時爲襄陽監軍，乃召自漢南，至青泥驛，遣人封杖决殺。王守澄自長慶已來知樞密，典禁軍，作威作福。訓既作相，以守澄爲六軍十二衛觀軍容使，罷其禁旅之權，尋賜鴆殺。

訓愈承恩顧，黄門禁軍迎拜戢斂。

同書同卷鄭注傳（新唐書壹柒玖鄭注傳同）略云：

是時（李）訓、（鄭）注之權赫于天下，既得行其志，生平恩讎絲毫必報。因楊虞卿之獄挾忌李宗閔、李德裕。心所惡者，目爲二人之黨，朝士相繼，班列爲之一空（寅恪案：此事可參考舊唐書壹柒下文宗紀下大和九年八月九月有關諸條，及同書壹柒肆李德裕傳、壹柒陸李宗閔傳，新唐書壹柒肆李宗閔傳、壹捌拾李德裕傳等）。注自言有金丹之術，可去萎弱重膇之疾。始李愬自云得效，乃移之（王）守澄，亦神其事，繇是中官視注皆憐之。卒以是售其狂謀，而守澄自貽其禍。

同書壹捌肆宦官傳王守澄傳（新唐書貳佰捌宦者傳下王守澄傳同）略云：

時仇士良有翌上之功，爲守澄所抑，位未通顯。（李）訓奏用士良分守澄之權，乃以士良爲左軍中尉。守澄不悦，兩相矛盾。訓因其惡，大和九年帝（文宗）令内養李好古賫鴆賜守澄，秘而不發。守澄死，仍贈揚州大都督。其弟守涓爲徐州監軍，召還，至中牟，誅之。守澄豢養訓、（鄭）注，反罹其禍。人皆快其受佞，而惡訓、注之陰狡。

新唐書壹柒肆李宗閔傳（舊唐書壹柒陸李宗閔傳略同）略云：

（李）訓、（鄭）注劾宗閔異時陰結駙馬都尉沈議、内人宋若憲、宦者韋元素、王踐言等求宰相，而踐言監軍劍南，受（李）德裕賕，復與宗閔家私，乃貶宗閔潮州司户參軍事，議逐柳州，元素等悉流嶺南，親信并斥。時訓、注欲以權市天下，凡不附己者，皆指以二人黨逐去之，人人駭栗。帝乃詔宗閔、德裕姻家門生故吏自今一切不問。

通鑑貳肆伍大和九年六月條（參考新唐書貳佰捌宦者傳下王守澄傳）云：

神策左軍中尉韋元素、樞密使楊承和、王踐言居中用事，與王守澄爭權不叶，李訓、鄭注因之，出承和于西川，元素于淮南，踐言于河東，皆爲監軍。

寅恪案：李訓、鄭注所以能異于宋申錫，幾成掃除閹寺之全功者，實在利用閹寺中自分黨派，如王守澄與仇士良、韋元素等之例是也。又當時牛李黨人各有其鈎結之中官，訓、注之進用本皆由于閹寺，故能悉其隱秘，遂欲同時一舉將閹寺及士大夫諸黨派俱排斥而盡去之也。當日閹寺之黨派既是同時并進，互相争鬥，達于劇烈之高點，故士大夫之黨派各承其反影，亦復如之。斯爲文宗一朝政治上最要之關鍵，前人論此，似少涉及者，特爲標出之如此。

新唐書壹柒玖李訓傳（舊唐書壹陸玖李訓傳同）略云：

（訓）出（鄭）注，使鎮鳳翔，外爲助援，擢所厚善，分總兵柄。于是王璠爲太原節度使，郭行餘爲邠寧節度使，羅立言權京兆尹，韓約金吾將軍，李孝本御史中丞。陰許璠、行餘多募士，及金吾臺府卒劫以爲用。（大和九年）十一月壬戌（二十一日）帝（文宗）御紫宸殿，約奏：「甘露降金吾左仗樹。」（帝）輦如含元殿，詔宰相群臣往視，還，訓奏：「非甘露。」帝顧中尉仇士良、魚弘志等驗之。訓因欲閉止諸宦人，使無逸者。時璠、行餘皆辭赴鎮，兵列丹鳳門外。訓傳呼曰：「兩鎮軍入受詔旨！」

閏者趨入，邠寧軍不至。宦人至仗所，會風動廡幕，見執兵者，士良等驚走出。閽者將闔扉，爲宦侍叱爭，不及閉。訓急，連呼金吾兵曰：「衛乘輿者，人賜錢百千！」于是有隨訓入者。宦人曰：「事急矣！」即扶輦，決罘罳下殿趨。訓攀輦曰：「陛下不可去！」士良曰：「李訓反。」帝曰：「訓不反。」士良手搏訓而躓，訓壓之，將引刀鞾中，救至，士良免。立言、孝本領衆四百東西來上殿，與金吾士縱擊，宦官死數十人。訓持輦愈急，至宣政門，宦人郗志榮揕訓，仆之，輦入東上閤即閉，宮中呼萬歲。會士良遣神策副使劉泰倫、陳君奕等率衛士五百挺兵出，所值輒殺，殺諸司史六七百人，復分兵屯諸宮門，捕訓黨千餘人，斬四方館，流血成渠。

贊曰：李德裕嘗言：「天下有常勢，北軍是也。」訓因王守澄以進，此時出入北軍，若以上意說諸將，易如靡風，而反以臺府抱關游徼抗中人，以搏精兵，其死宜哉！文宗嘗稱訓天下奇才。德裕曰：「訓曾不得齒徒隸，尚何才之云？」世以德裕言爲然。（寅恪案：李德裕語見其所著窮愁志奇才論。）

寅恪案：此甘露事變之一幕悲劇也。當時中央政權寄托于皇帝之一身，發號施令必用其名義，故政權之争，其成敗關鍵在能否劫持皇帝一人而判定。夫皇帝之身既在北軍宦官掌握之内，若不以南衙臺府抱關游徼敵抗神策禁旅，則當日長安城中，將用何等兵卒與之角逐乎？此甘露變後所以僅餘以藩鎮武力對抗閹寺北軍之唯一途徑，是即崔淄郎之所取用而奏效，但爲當世及後世所詬病者也。至謂「以上意説（北軍）諸將，易如靡風」，則天下事談何容易！在大和之前即永貞之時，王叔文嘗謀奪閹寺兵柄，舉用范希朝韓泰，卒無所成（事見韓愈順宗實録伍及舊唐書壹叁伍新唐書壹陸捌王叔文傳），况文宗朝宦官盤踞把持之牢固更有甚于順宗時者乎？而韓退之永貞行（昌黎集叁）所云：

君不見太皇（順宗）諒陰未出令，小人乘時偷國柄。北軍百萬虎與貔，天子自將非他師。（寅恪案：神策軍實宦官所將耳，非天子自將也，退之此語無乃欺人之甚耶？）一朝奪印付私黨，懔懔朝士何能爲？

不過俱文珍私黨之誣詞，非公允之論也。然則李訓實爲「天下奇才」，文宗之語殊非過譽，較當日外朝士大夫牛李黨人之甘心作閹寺附屬品者，固有不同矣。李文饒挾私嫌，其言不足信，後之史家何可據之，而以成敗論人也！

通鑑紀貳肆伍大和九年十一月壬戌即二十一日甘露事變，其結論有云：

自是天下事皆決于北司，宰相行文書而已。

誠道其實也。至文宗幾爲閹寺所廢，如皮光業見聞録之所言者（見通鑑考異大和九年十一月條及唐語林叁方正類，新唐書貳佰柒宦者傳下仇士良傳末），固有未諦，已爲司馬君實所指出。但自此以後，唐代皇位之繼承完全決于宦官之手，而外朝宰相惟有服從一點，若取下列史料證之，則更無可疑也。

唐語林柒補遺云：

宣宗崩，内官定策立懿宗，入中書商議，命宰臣署狀，宰相將有不同者。夏侯孜曰：「三十年前外大臣得與禁中事，三十年以來外大臣固不得知。但是李氏子孫，内大臣定，外大臣即北面事之，安有是非之説？」

又新唐書壹捌貳李珏傳云：

始莊恪太子薨，帝（文宗）屬意陳王（成美），已而武宗即位，人皆爲危之。珏曰：「臣下知奉所言，安與禁中事？」

蓋甘露事變在文宗大和九年，即公元八三五年。宣宗崩于大中十三年，即公元八五八年，夏侯孜所謂三十年者，乃約略舉成數言之。又李珏之事與夏侯孜不同，其語之意旨亦異。然可據以證知自開成後所謂「建桓立順，功歸貴臣」（劉夢得語，見前引），而外朝宰相固絶難與聞也。

舊唐書壹柒下文宗紀（參舊唐書壹柒伍新唐書捌貳陳王成美傳）云：

（大和）六年十月庚子詔：魯王永宜册爲皇太子。

（開成）三年九月壬戌上（文宗）以皇太子慢游敗度，欲廢之。中丞狄兼謨垂涕切諫。是夜移太子于少陽院，殺太子宫人左右數十人。十月庚子皇太子薨于少陽院，謚莊恪。

（開成）四年十月丙寅制：以敬宗第六男成美爲皇太子。

（開成）五年春正月戊寅朔上不康，不受朝賀。己卯詔立親弟潁王瀍爲皇太弟，權勾當軍國事，皇太子復爲陳王。辛巳上崩于大明宫之太和殿。

同書壹捌上武宗紀（新唐書捌武宗紀同，并參考舊唐書壹柒伍新唐書捌貳陳王成美傳）略云：

武宗諱炎，穆宗第五子，本名瀍。文宗以敬宗子陳王成美爲皇太子。（開成）五年正月二日文宗暴疾，宰相李珏、知樞密劉弘逸奉密旨：以皇太子監國。兩軍中尉仇士良、魚弘志矯詔迎潁王于十六宅，立爲皇太弟。四日文宗崩，皇太弟即皇帝位。陳王成美、安王溶殂于邸第。初，楊賢妃有寵于文宗，而莊恪太子母王妃失寵怨望，爲楊妃所譖，王妃死，太子廢。及開成末年，帝多疾，無嗣，賢妃請以安王溶嗣，帝謀于宰臣李珏，珏非之，乃立陳王。至是，仇士良欲歸功于己，乃發安王舊事，故二王與賢妃皆死。以開府右軍中尉仇士良封楚國公，左軍中尉魚弘志爲韓國公。

新唐書捌貳莊恪太子永傳（舊唐書壹柒伍莊恪太子永傳同）略云：

（大和）六年立爲皇太子，母（王德妃）愛弛，楊賢妃方幸，數譖之，帝（文宗）震怒，群臣連章論救，（帝）意少釋，然太子終不能自白其讒，是年（開成三年）暴薨。（寅恪案：日本僧圓仁入唐求法記亦有殺皇太子之記述，可供參考。）

通鑑貳肆陸會昌元年三月條（參新唐書壹佰柒宦者傳上仇士良傳）云：

初知樞密劉弘逸、薛季稜有寵于文宗，仇士良惡之。上（武宗）之立非二人及宰相意，故楊嗣復出爲湖南觀察使，李珏出爲桂管觀察使。士良屢譖弘逸等于上，勸上誅之，乙未賜弘逸、季稜死。

張固幽閒鼓吹云：

李德裕在維揚，監軍楊欽義追入，必爲樞近，而德裕致禮皆不越尋常，欽義心銜之。

一日邀中堂飲，更無餘賓，而陳設寶器圖書數床皆殊絶，一席祇奉亦竭情禮。宴罷，皆以贈之，欽義大喜過望。行至汴州，有詔令監淮南軍。欽義至，即具前時所獲歸之。朱崖（德裕）曰：「此無所直，奈何相拒？」悉却與之。欽義感悦數倍，後竟作樞密使，武皇一朝之柄用皆欽義所致也。

通鑑貳肆陸開成五年九月紀李德裕入相事，即采用張書，胡注云：

史言：李德裕亦不免由宦官以入相。

寅恪案：上引文宗、武宗兩朝間史料，亦皆唐代皇位繼承不固定及一時期宫掖閹寺黨派競爭決定後，李氏子孫充傀儡，供犧牲，而士大夫黨派作閹寺黨派之附屬品，隨其勝敗以爲進退之明顯例證也。又幽閒鼓吹載李德裕入相實由楊欽義，鄙意小説家記衛公事多誣詞，究其可信與否，未敢確定，即使可信，亦非贊皇入相之主因。據通鑑貳肆玖會昌三年五月壬寅以翰林學士承旨崔鉉爲中書侍郎同平章事條云：

上（武宗）夜召學士韋琮，以鉉名授之，令草制，宰相樞密皆不之知。時樞密使劉行深、楊欽義皆愿慤，不敢預事，老宦者尤之曰：「此由劉楊懦怯，墮敗舊風故也。」是楊欽義以愿慤著聞，不敢依慣例以干預命相，則文饒之入相似非全由欽義之力，可以推知。其時宦官劉弘逸一派與牛黨之宰相李珏等翊戴皇太子成美，既遭失敗，則得勝之閹寺仇士良、魚弘志一派自必排去牛黨之宰相，而以其有連之李黨代之，楊欽義殆屬于仇士良派者，此德裕入相之主因也。然則宮掖閹寺競争之勝敗影響于外朝士大夫之進退，于此益得證明而無疑矣。

新唐書捌宣宗紀略云：

宣宗諱忱，憲宗第十三子也。始封光王，本名怡。會昌六年武宗疾大漸，左神策護軍中尉馬元贄立光王爲皇太叔。三月甲子即皇帝位。四月乙亥始聽政。丙子李德裕罷。五月乙巳翰林學士承旨兵部侍郎白敏中同中書門下平章事。

通鑑貳肆捌會昌六年三月條云：

上(武宗)疾篤，旬日不能言，諸宦者密于禁中定策。辛酉下詔，稱皇子冲幼，須選賢德，光王怡可立爲皇太叔，更名忱，一應軍國大事令權勾當。甲子上崩，丁卯宣宗即位。

胡注：

以武宗之英達，李德裕之得君，而不能定後嗣，卒制命于宦豎，北司掌兵，且專宮禁之權也。

寅恪案：會昌季年内廷閹寺黨派競争之史實無從詳知，但就武宗諸子不得繼位之事推之，必是翊戴武宗即與李黨有連之一派失敗，則可決言。于是宣宗遂以皇太叔之名義嗣其侄之帝位，而唐代皇位繼承之不固定，觀此益可知矣。胡氏之語甚諦，自會昌六年三月宦官馬元贄等于宫中决策後，外朝李黨全盛之局因以告終，相位政權自然轉入其敵黨牛黨之手也。

由憲宗朝至文宗朝，牛李争鬥雖劇，而互有進退。武宗朝爲始終李黨當國時期，宣宗朝宰相則屬于牛黨，但宣宗以後不復聞劇烈之黨争。究其所以然之故，自來未有言之者，若依寅恪前所論證，外朝士大夫黨派乃内廷閹寺黨派之應聲蟲，或附屬品，儻閹寺起族類之自覺，其間不發生甚劇之黨争，而能團結一致以對外者，則與外朝諸臣無分別連結之必要，而士大夫之黨既失其各别之内助，其競争遂亦不得不終歸消歇也。兹略舉一二例，以爲證明。

唐語林貳政事類下（參新唐書壹陸玖韋貫之傳附澳傳）云：

宣宗暇日召翰林學士韋澳入。上曰：「要與卿款曲，少間出外，但言論詩！」上乃出詩一篇。有小黄門置茶床訖，亟屏之。乃問：「朕于敕使如何？」澳曰：「威制前朝無比。」上閉目摇手曰：「總未，依前怕他。在卿如何？計將安出？」澳既不爲之備，率意對曰：「謀之于外廷，即恐有大和事（寅恪案：大和事指甘露事變），不若就其中揀拔有才者，委以計事。」上曰：「此乃末策，朕行之，初擢其小者，至黄，至緑，至緋，皆感恩，若紫衣挂身，即合爲一片矣。」澳慚汗而退。

北夢瑣言伍令狐公密狀條云：

唐大和中閹官恣横，因甘露事王涯等皆罹其禍，竟未昭雪。宣宗即位，深抑其權，末年嘗授旨于宰相令狐公（綯），欲盡誅之。（綯）慮其冤，乃密奏牓子曰：「但有罪莫舍，有闕莫填，自然無遺類矣。」後爲宦者所見，于是南（衙）北（司）益相水火，洎昭宗末崔侍中（胤）得行其志，然而玉石俱焚也。

寅恪案：韋溴意欲利用閹人，以制閹人，即李訓、鄭注之故技。在文宗大和之世用之雖不能成全功，然其初頗亦收效者，以當時閹寺中王守澄與仇士良之徒尚分黨派，未「合爲一片」，故可資利用也。迨其起族類之自覺，團結一致，以抗外敵，如唐語林北夢瑣言所載大中時事，則離間之術不能復施，此宣宗以後宮禁閹寺一致對外之新形勢，不獨在内廷無派别，亦使在外朝無黨争，統制中央全局，不可動摇分裂，故激成崔胤借助藩鎮外來兵力，盡取此輩族類而殲滅之也。

又讀史者或見僖宗時宦官田令孜惡其同類楊復恭、復光兄弟事，因以致疑于宣宗以後閹寺「合爲一片」之説者，如舊唐書壹玖下僖宗紀所言：

（中和）三年六月甲子楊復光卒于河中，其部下忠武八都都頭鹿晏弘、晉暉、王建、韓建等各以其衆散去。時復光兄復恭知内樞密，田令孜以復光立破賊功，憚而惡之，故賊平賞薄。及聞復光死，甚悦，復擯復恭，罷樞密爲飛龍使。

是也。但檢同書同卷中和三年五月王鐸罷行營都統條云：

時中尉田令孜用事，自負帷幄之功，以鐸用兵無功，而由楊復光建策召沙陀，成破賊之效，欲權歸北司，乃黜鐸而悦復光也。

然則田令孜雖與楊復恭、復光兄弟不相得，對于外朝士大夫則仍能自相團結，一致敵視。蓋當時閹寺南衙北司之界限即階級族類之意識甚爲堅强明顯，不欲連結外朝士大夫自相攻擊，因亦無從造成士大夫之黨派，如以前牛李兩黨者也。

新唐書玖懿宗紀（參考通鑑貳肆玖大中十三年六月條通鑑考異咸通二年二月條，及容齋隨筆陸杜悰條）略云：

懿宗諱漼，宣宗長子也，始封鄆王。宣宗愛夔王滋，欲立爲皇太子，而鄆王長，故久不決。大中十三年八月宣宗疾大漸，以夔王屬内樞密使王歸長、馬公儒、宣徽南院使王居方等，而左神策護軍中尉王宗實、副使丌元實矯詔立鄆王爲皇太子。癸巳即皇帝位于柩前。王宗實殺王歸長、馬公儒、王居方。

通鑑貳伍拾咸通二年二月條云：

是時士大夫深疾宦官，事小有相涉，則衆共棄之。建州進士葉京嘗預宣武軍宴，識監軍之面，既而及第，在長安與同年出游，遇之于塗，馬上相揖，因之謗議諠然，遂沈廢終身，其不相悦如此。（寅恪案：昌黎外集叁有送汴州監軍俱文珍序并詩，備極諂諛之詞。夫文珍亦宣武軍監軍也，而退之與葉京之遭遇乃迥不相似，據是可知貞元及咸通時，士大夫與閹寺關係之異同矣。）

依新紀所載，似宣宗末年内廷閹寺仍有黨派競争者，然考唐代閹寺中神策軍中尉掌握兵柄，其權最大，宣宗牽于所愛，雖明知彼輩已「合爲一片」，而其末年仍仿文宗之舊事，勉强試一利用并無實力之樞密使等，使與執持兵柄之神策中尉對抗，實計出無聊，故終于同一無成。而王歸長與王宗實二派因實力大相懸殊之故，其競爭必無足道，讀史者幸勿誤會以此個別之例外，疑及全體之通則也。且其時閹寺已起族類之自覺，一致對外，與文宗時不同，是以無須亦不欲連結外朝士大夫，以興黨爭，蓋非復宣宗以前由內廷黨派勝敗，而致外朝黨派進退之先例矣。至于唐代帝位繼承之不固定，兹又得一例證，自無待言。觀通鑑咸通二年所紀葉京事，可知宣宗末載懿宗初年士大夫亦仿閹寺「合爲一片」，與相對敵。後來崔胤以士大夫代表之資格，盡誅宦官，蓋非一朝一夕之所致也。

通鑑貳伍貳咸通十四年七月戊寅條（參考舊唐書壹玖下新唐書玖僖宗紀）略云：

上（懿宗）疾大漸，左軍中尉劉行深、右軍中尉韓文約立少子普王儼爲皇太子，權勾當軍國政事。辛巳上崩于咸寧殿，僖宗即位。八月劉行深、韓文約皆封國公。

同條考異曰：

范質五代史通録：梁李振謂陝州護軍韓彝範曰：「懿宗初升遐，韓中尉殺長立少，以利其權，遂亂天下。今將軍復欲爾耶？」彝範即文約孫也。按：懿宗八子，僖宗第五，餘子新舊書不載長幼，又不言所終，不知所殺者果何王也。

據此，唐代内廷閹寺决定帝位繼承之經過及李氏子孫作傀儡犧牲之悲劇，史乘殊多闕漏，要爲與前此相似，乃一種公式化之行動，其概况亦可推知也。

舊唐書貳拾上昭宗紀（參考新唐書拾昭宗紀通鑑貳伍柒文德元年三月條）略云：

昭宗諱曄，懿宗第七子，封壽王。文德元年二月僖宗暴不豫，及大漸之夕，而未知所立，群臣以吉王最賢，又在壽王之上，將立之，唯軍容楊復恭請以壽王監國。三月六日立爲皇太弟，八日即位。

同書壹捌肆宦官傳楊復恭傳（新唐書貳佰捌宦者傳下楊復恭傳同）略云：

李茂貞收興元，進復恭前後與（楊）守亮私書六十紙，内訴致仕之由云：「吾于荆榛中援立壽王，有如此負心門生天子，既得尊位，乃廢定策國老。」

寅恪案：唐代科舉制度，門生爲座主所獎拔，故最感恩，兩者之間情誼既深，團結自固。

牛黨之所以終競勝李黨者，亦與此點有關。楊復恭「門生天子」之喻，乃宦官受士大夫積習之傳染，雖擬譬稍有不倫，然止就宦官專決皇位繼承一事言之，則其語實與當時政治之情狀符合也。

新唐書拾昭宗紀（舊唐書貳拾上昭宗紀同）云：

光化三年十一月己丑神策軍中尉劉季述、王仲先、内樞密使王彦範、薛齊偓作亂，皇帝居于少陽院。辛卯季述以皇太子裕爲皇帝。天復元年正月乙酉左神策軍將孫德昭、董彦弼、周承誨以兵討亂，皇帝復于位。劉季述、薛齊偓伏誅，降封皇太子裕爲德王。

同書捌貳德王裕傳（舊唐書壹柒伍德王裕傳同）略云：

德王裕，昭宗長子也，大順二年六月二十八日封，韓建殺諸王，因請裕爲皇太子。劉季述等幽帝（昭宗）東内，奉裕即皇帝位。季述誅，詔還少陽院，復爲王。

舊唐書壹柒伍憲宗以下諸子傳論云：

自天寶已降，內官握禁旅，中闈纂繼皆出其心，故手纔攬于萬機，目已睨于六宅（寅恪案：諸王居于十六宅）。

寅恪案：唐代皇帝廢立之權既歸閹寺，皇帝居宮中亦是廣義之模範監獄罪囚。劉季述等之廢立不過執行故事之擴大化及表面化耳。唐代皇位繼承之不固定，此役乃三百年間最後之結局。蓋哀帝（柷）之立及其遜位一段經過，則屬于朱全忠創業之裝飾物及犧牲品（詳見舊唐書貳拾下哀帝紀、新唐書拾昭宣光烈孝皇帝紀），不足特爲論述也。

舊唐書壹捌肆宦官傳楊復恭傳末（參考新唐書貳佰捌宦者傳下韓全誨張彦弘傳、舊唐書貳拾上新唐書拾昭宗紀）略云：

是月（光化三年正月），（朱）全忠迎駕還長安，詔以崔胤爲宰相兼判六軍諸衛。胤奏曰：「高祖太宗時無內官典軍旅，自天寶已後，宦官寖盛，貞元、元和分羽林衛爲左右神策軍，使衛從，令宦官主之，自是參掌樞密，由是內務百司皆歸宦者。不剪其本根，終爲國之蟊賊。内諸司使務宦官主者，望一切罷之，諸道監軍使并追赴闕廷。」詔曰：「其第五可範已下并宜賜死，其在畿甸同華河中并盡底處置訖，諸道監軍使已下及管内經過并居停内使敕到并仰隨處誅夷訖聞奏，其左右神策軍并令停廢！」

寅恪案：舊傳所載崔胤之奏及答詔，乃中古政治史劃時代之大文字，故節録之，以結此篇焉。

下篇　外族盛衰之連環性及外患與内政之關係

李唐一代爲吾國與外族接觸繁多，而甚有光榮之時期。近數十年來考古及異國文籍之發見逐譯能補正唐代有關諸外族之史事者頗多，固非此篇之所能詳，亦非此篇之所欲論也。兹所欲論者只二端：一曰外族盛衰之連環性，二曰：外患與内政之關係，兹分別言之于下：

所謂外族盛衰之連環性者，即某甲外族不獨與唐室統治之中國接觸，同時亦與其他之外族有關，其他外族之崛起或强大可致某甲外族之滅亡或衰弱，其間相互之因果雖不易詳確分析，而唐室統治之中國遂受其興亡强弱之影響，及利用其機緣，或坐承其弊害，故觀察唐代中國與某甲外族之關係，其範圍不可限于某甲外族，必通覽諸外族相互之關係，然後三百年間中國與四夷更叠盛衰之故始得明瞭，時當唐室對外之措施亦可略知其意。蓋中國與其所接觸諸外族之盛衰興廢，常爲多數外族間之連環性，而非中國與某甲外族間之單獨性也。新唐書貳壹伍上四夷傳總序略云：

> 唐興，蠻夷更盛衰，嘗與中國抗衡者有四：突厥、吐蕃、回鶻、雲南是也。凡突厥、吐蕃、回鶻以盛衰先後爲次；東夷、西域又次之，迹用兵之輕重也；終之以南蠻，記唐所繇亡云。

宋子京作唐書四夷傳，其敍述次第一以盛衰先後，二迹用兵之輕重，三記唐所由亡。茲篇論述則依其所以更互盛衰之迹，列爲次序，欲藉以闡發其間之連環性。至唐亡由于南詔，乃屬于外患與内政關係之範圍，俟于篇末論之，茲先不涉及也。

又唐代武功可稱爲吾民族空前盛業，然詳究其所以與某甲外族競爭，卒致勝利之原因，實不僅由于吾民族自具之精神及物力，亦某甲外族本身之腐朽衰弱有以招致中國武力攻取之道，而爲之先導者也。國人治史者于發揚贊美先民之功業時，往往忽略此點，是既有違學術探求真實之旨，且非史家陳述覆轍，以供鑑誡之意，故本篇于某外族因其本身先已衰弱，遂成中國勝利之本末，必特爲標出之，以期近真實而供鑑誡，兼見其有以異乎夸誣之宣傳文字也。

通典壹玖柒邊防典突厥條上（參新唐書貳壹伍上突厥傳、唐會要玖肆北突厥條）云：

及隋末亂離，中國人歸之者甚衆，又更强盛，勢陵中夏。迎蕭皇后，置于定襄。薛舉、竇建德、王世充、劉武周、梁師都、李軌、高開道之徒雖僭尊號，俱北面稱臣。東自契丹，西盡吐谷渾、高昌諸國皆臣之，控弦百萬，戎狄之盛近代未有也。大唐起義太原，劉文静聘其國，引以爲援。

舊唐書陸柒李靖傳（參考新唐書貳壹伍上突厥傳、貞觀政要貳任賢篇、大唐新語柒容恕篇）云：

太宗初聞靖破頡利，大悦，謂侍臣曰：「朕聞『主憂臣辱，主辱臣死』。往者國家草創，太上皇（高祖）以百姓之故，稱臣于突厥，朕未嘗不痛心疾首，志滅匈奴，坐不安席，食不甘味。

今者暫動偏師，無往不捷，單于款塞，耻其雪乎？」

寅恪案：隋末中國北部群雄并起，悉奉突厥爲大君，李淵一人豈能例外？温大雅大唐創業起居注所載唐初事最爲實録，而其紀劉文静往突厥求援之本末，尚于高祖稱臣一節隱諱不書。逮頡利敗亡已後，太宗失喜之餘，史臣傳録當時語言，始泄露此役之真相。然則隋末唐初之際，亞洲大部民族之主人是突厥，而非華夏也。但唐太宗僅于十年之後，能以屈辱破殘之中國一舉而覆滅突厥者，固由唐室君臣之發奮自强，遂得臻此，實亦突厥本身之腐敗及回紇之興起二端有以致之也。兹略引史文，以證明之于下：

通典壹玖柒邊防典突厥上條（參考舊唐書壹玖肆上新唐書貳壹伍上突厥傳、唐會要玖肆北突厥條等）云：

貞觀元年陰山以北薛延陀、回紇、拔也古等十餘部皆相率叛之，擊走其欲谷設。頡利遣突利討之，師又敗績，奔還，頡利怒，拘之十餘日，突利由是怨憾，内欲背之。

二年突利遣使奏言：與頡利有隙，奏請擊之。詔秦武通以并州兵馬隨便接應。

三年薛延陀自稱可汗于漠北，遣使來貢方物。頡利每委任諸胡，疏遠族類，胡人貪冒，性多翻覆，以故法令滋章，兵革歲動，國人患之，諸部携貳。頻年大雪，六畜多死，國中大餒。頡利用度不給，復重斂諸部，由是下不堪命，内外叛之。

舊唐書壹玖伍回紇傳（新唐書貳壹柒上回鶻傳同，又參舊唐書壹玖玖下鐵勒傳、新唐書壹壹柒下薛延陀傳、唐會要玖陸薛延陀傳、通典壹玖玖邊防典薛延陀條等）云：

初有特健俟斤死，有子曰菩薩，部落以爲賢而立之。初菩薩與薛延陀侵突厥北邊，突厥頡利可汗遣子欲谷設率萬騎討之。菩薩領騎五千與戰，破之于馬鬣山，因逐北至于天山，又進擊大破之，俘其部衆，回紇由是大振，因率其衆附于薛延陀，號菩薩爲活頡利發，仍遣使朝貢。菩薩勁勇有膽氣，善籌策，每對敵臨陣，必身先士卒，以少制衆，常以射獵爲務，其母烏羅渾主知争訟之事，平反嚴明，部内齊肅，回紇之盛由菩薩之興焉。貞觀擒降突厥頡利等可汗之後，北虜唯菩薩、薛延陀爲盛。太宗册北突厥莫賀咄爲可汗，遣統回紇僕骨同羅思結阿跌等部，回紇酋帥土迷度與諸部大破薛延陀多彌可汗，遂并其部曲，奄有其地。

寅恪案：北突厥或東突厥之敗亡除與唐爲敵外，其主因一爲境内之天災及亂政，二爲其他鄰接部族回紇薛延陀之興起兩端，故授中國以可乘之隙。否則雖以唐太宗之英武，亦未必能致如是之奇迹。斯外族盛衰連環性之一例證也。

舊唐書壹玖伍回紇傳（新唐書貳壹柒下回鶻傳同）云：

開成初，其相有安允合者，與特勒（寅恪案：勒當作勤，下同）柴草欲篡薩特可汗。薩特可汗覺，殺柴草及安允合。又有回紇相掘羅勿者，擁兵在外，怨誅柴草、安允合，又殺薩特可汗，以𩨂馺特勒爲可汗。有將軍句録末賀恨掘羅勿，走引黠戛斯，領十萬騎破回鶻城，殺𩨂馺，斬掘羅勿，燒蕩殆盡，回鶻散奔諸蕃。有回鶻相馺職者，擁外甥龐特勒及男鹿并遏粉等兄弟五人一十五部，西奔葛邏禄，一支投吐蕃，一支投安西，又有近可汗牙十三部以特勒烏介爲可汗，南來附漢。（寅恪案：通鑑貳肆陸開成四年末條柴草作柴革。考異駮後唐獻祖紀年録之語及唐會要玖捌回紇條俱可參考。）

唐會要玖捌回紇條云：

連年饑疫，羊馬死者被地，又大雪爲災。

新唐書貳壹柒下黠戛斯傳略云：

回鶻授其君長阿熱爲毗伽頓頡斤。回鶻稍衰，阿熱即自稱可汗。回鶻遣宰相伐之，不勝，挐鬥二十年不解。阿熱恃勝肆詈，回鶻不能討，其將句録莫賀導阿熱破殺回鶻可汗，諸特勤（寅恪案：勒亦當作勤）皆潰。

寅恪案：回紇自唐肅宗以後最爲雄大，中國受其害甚鉅，至文宗之世天災黨亂擾其内，黠戛斯崛起侵其外，于是崩潰不振矣。然考之史籍，當日中國亦非盛强之時，而能成此攘夷之偉業者，雖以李文饒之才智，恐不易致此，其主因所在，無乃由堅昆之興起，遂致回紇之滅亡歟？斯又外族盛衰連環性之一例證也。

新唐書貳壹陸下吐蕃傳論云：

> 唐興，四夷有弗率者，皆利兵移之，蹶其牙，犁其庭而後已。唯吐蕃、回鶻號强雄，爲中國患最久。贊普遂盡盜河湟，薄王畿爲東境，犯京師，掠近輔，戕華人，謀夫虓帥環視共計，卒不得要領。晚節二姓自亡，而唐亦衰焉。

寅恪案：吐蕃之盛起于貞觀之世，至大中時，其部族瓦解衰弱，中國于是收復河湟，西北邊陲稍得安謐。計其終始，約二百年，唐代中國所受外族之患未有若斯之久且劇者也。迨吐蕃衰敗之後，其役屬之党項别部復興起焉。此党項部後裔西夏又爲中國邊患，與北宋相終始。然則吐蕃一族之興廢關繫吾國中古史者如是，其事迹兹篇固不能詳言，而其盛衰之樞機即與其他外族之連環性，及唐代中央政府肆應之對策即結合鄰接吐蕃諸外族，以行包圍之秘計，舊史雖亦載其概略，惜未有闡發解釋者，故不得不于此一論述之也。

李唐承襲宇文泰「關中本位政策」，全國重心本在西北一隅，而吐蕃盛强延及二百年之久。故當唐代中國極盛之時，已不能不于東北方面采維持現狀之消極政略（見下論高麗事節），而竭全國之武力財力積極進取，以開拓西方邊境，統治中央亞細亞，藉保關隴之安全爲國策也。又唐資太宗、高宗兩朝全盛之勢，歷經艱困，始克高麗，既克之後，復不能守，雖天時地勢之艱阻有以致之（亦見下文論高麗事節），而吐蕃之盛强使唐無餘力顧及東北，要爲最大原因。此東北消極政策不獨有關李唐一代之大局，即五代、趙宋數朝之國勢亦因以構成。由是言之，吐蕃一族與唐之競爭影響甚鉅，更不能不爲一論述之也。

新唐書捌宣宗紀（參考舊唐書壹捌下宣宗紀、壹玖陸下吐蕃傳、壹玖捌西戎傳党項傳，新唐書貳壹陸下吐蕃傳、貳貳壹上西域傳党項傳，及唐會要玖柒吐蕃條玖捌党項羌條等）云：

（大中）三年二月吐蕃以秦、原、安樂三州，石門驛，藏木峽，制勝六盤石峽，蕭七關歸于有司。十月吐蕃以維州歸于有司。十二月吐蕃以扶州歸于有司。

（大中）四年十一月党項寇邠寧。十二月鳳翔節度使李安業、河東節度使李拭爲招討党項使。

（大中）五年三月白敏中爲司空招討南山、平夏党項行營兵馬都統。四月赦平夏党項羌。八月乙巳赦南山党項羌。十月沙州人張義潮以瓜、沙、伊、肅、鄯、甘、河、西、蘭、岷、廓十一州歸于有司。

同書貳壹陸下吐蕃傳（參考通鑑貳肆柒會昌二年、貳肆捌會昌三年、貳肆玖大中三年諸條）略云：

（彝泰）贊普立幾三十年病不事，委任大臣，故不能抗中國，邊候晏然。死，以弟達磨嗣，達磨嗜酒好畋獵，喜内，且凶愎少恩，政益亂。自是國中地震裂，水泉涌，岷山崩，洮水逆流三日，鼠食稼，人饑疫，死者相枕藉，鄯廓間夜聞鼙鼓聲，人相驚。會昌二年贊普死，無子，以妃綝兄尚延力子乞離胡爲贊普，始三歲，妃共治其國。大相結都那見乞離胡不肯拜，曰：「贊普支屬尚多，何至立綝氏子邪？」用事者共殺之。三年，國人以贊普立非是，皆叛去。（尚）恐熱自號宰相，以兵二十萬擊（鄯州節度使尚）婢婢。恐熱敗，單騎而逃。大中三年，婢婢引衆趨甘州西境，恐熱大略鄯、廓、瓜、肅、伊、西等州，保渭州，奉表歸唐。

寅恪案：吐蕃之破敗由于天災及内亂，觀此可知也。吐蕃中央政權統治之力既弱，故其境内諸部族逐漸離邏逊之管制而獨立，党項之興起，張義潮之來歸，皆其例也。宣宗初雖欲以兵力平定党項，而終不得不遣白敏中施招撫之策，含混了之。則河湟之恢復實因吐蕃内部之衰亂，非中國自身武力所能致，抑又可見矣。

新唐書貳壹陸上吐蕃傳略云：

是歲（長壽元年）又詔王孝傑（等）擊吐蕃，大破其衆，更置安西都護府于龜兹，以兵鎮守，議者請廢四鎮勿有也。崔融獻議曰：「太宗文皇帝踐漢舊迹，并南山，抵葱嶺，剖裂府鎮，烟火相望，吐蕃不敢内侮。高宗時有司無狀，棄四鎮不能有，而吐蕃遂張，入焉耆之西，長鼓右驅，逾高昌，歷車師，鈔常樂，絶莫賀延磧，以臨敦煌。今孝傑一舉而取四鎮，還先帝舊封，若又棄之，是自毁成功而破完策也。夫四鎮無守，胡兵必臨西域，西域震則威讋南羌，南羌連衡，河西必危。且莫賀延磧袤二千里，無水草，若北接虜，唐兵不可度而北，則伊西北庭安西諸蕃悉亡。」議者乃格。（開元）十年攻小勃律國，其王没謹忙詒書北庭節度使張孝嵩曰：「勃律唐西門，失之，則西方諸國皆墮吐蕃。」始勃律王來朝，父事帝（玄宗），還國，置綏遠軍以捍吐蕃，故歲常戰。吐蕃每曰：「我非利若國，我假道攻四鎮爾。」

同書壹叁伍高仙芝傳（參舊唐書壹佰肆高仙芝傳、新唐書貳貳壹下西域傳小勃律傳）略云：

小勃律其王爲吐蕃所誘，妻以女，故西北二十餘國皆羈屬吐蕃。天寶六載詔仙芝以步騎一萬出討。八月仙芝以小勃律王及妻自赤佛道還連雲堡，與（監軍邊）令誠俱班師，于是拂林大食諸胡七十二國皆震攝降附。

同書貳貳貳上南蠻傳南詔傳略云：

時（貞元時）唐兵屯京西朔方，大峙糧用，南北并攻取故地。然南方轉餉稽期，兵不悉集。吐蕃苦唐詔掎角，亦不敢圖南詔。（韋）皋令（部將武）免按兵巂州，節級鎮守，雖南詔境，亦所在屯戍。吐蕃懲野戰數北，乃屯三瀘水，遣論妄熱誘瀕瀘諸蠻復城悉攝，悉攝吐蕃險要也。蠻酋潛導南詔與皋部將杜毗羅狙擊。（貞元）十七年春夜絶瀘，破虜屯，斬五百級。虜保鹿危山，毗羅伏以待。又戰，虜大奔。于時康、黑衣大食等兵及吐蕃大酋皆降，獲甲二萬首。

時虜兵三萬攻鹽州，帝（德宗）以虜多詐，疑繼以大軍，詔皋深鈔賊鄙，分虜勢。皋表：賊精鎧多置南屯，今向鹽夏，非全軍，欲掠河曲党項畜産耳。俄聞虜破麟州，皋督諸將分道出，或自西山，或由平夷，或下隴陀和石門，或徑神川、納川，與南詔會。是時回鶻、太原、邠寧、涇原軍獵其北，劍南、東川、山南兵震其東，鳳翔軍當其西，蜀南詔深入，克城七，焚堡百五十，所斬首萬級，獲鎧械十五萬，圍昆明、維州，不能克，乃班師。振武、靈武兵破虜二萬，涇原、鳳翔軍敗虜原州，惟南詔攻其腹心，俘獲最多。

唐會要壹佰大食條（參舊唐書壹玖捌西戎傳大食傳、新唐書貳貳壹下西域傳大食傳）略云：

又案賈耽四夷述云：貞元二年（寅恪案：舊傳作「貞元中」，新傳作「貞元時」）與吐蕃爲勁敵，蕃兵大半西禦大食，故鮮爲邊患，其力不足也。

寅恪案：唐關中乃王畿，故安西四鎮爲防護國家重心之要地，而小勃律所以成唐之西門也。玄宗之世，華夏、吐蕃、大食三大民族皆稱盛强，中國欲保其腹心之關隴，不能不固守四鎮。欲固守四鎮，又不能不扼據小勃律，以制吐蕃，而斷絶其與大食通援之道。當時國際之大勢如此，則唐代之所以開拓西北，遠征葱嶺，實亦有其不容已之故，未可專咎時主之黷武開邊也。夫中國與吐蕃既處于外族交互之複雜環境，而非中國與吐蕃一族單純之關係，故唐室君臣對于吐蕃施行之策略亦即利用此諸族相互之關係。易言之，即結合鄰接吐蕃諸外族，以爲環攻包圍之計。據上引新書南詔傳，可知貞元十七年之大破吐蕃，乃略收包圍環攻之效者。而吐蕃與中亞及大食之關係，又韋南康以南詔制吐蕃之得策，均可于此傳窺見一二也。茲復別引史籍，以爲證明于下：

舊唐書壹肆拾韋臯傳（新唐書壹伍捌韋臯傳同）云：

臯以雲南蠻衆數十萬，與吐蕃和好。蕃人入寇，必以蠻爲前鋒。（貞元）四年，臯遣判官崔佐時入南詔蠻，說令向化，以離吐蕃之助。

新唐書貳貳貳上南蠻傳略云：

貞元五年，（異牟尋）遺（韋）臯書曰：願竭誠日新，歸款天子，請加戍劍南、涇原等州。安西鎮守揚兵四臨，委回鶻諸國所在侵掠，使吐蕃勢分力散，不能爲强，此西南隅不煩天兵可以立功云。

舊唐書壹貳玖韓滉傳（新唐書壹貳陸韓休傳附滉傳同）云：

時兩河罷兵，中土寧乂。滉上言：「吐蕃盜有河湟，爲日已久。大曆已前，中國多難，所以肆其侵軼。臣聞近歲已來，兵衆寖弱，西迫大食之强，北病回紇之衆，東有南詔之防，計其分鎮之外，戰兵在河隴五六萬而已。國家第令三數良將長驅十萬衆，于涼、鄯、洮、渭并修堅城，各置二萬人，足當守禦之要，臣請以當道（寅恪案：舊唐書壹貳德宗紀上貞元元年七月丙午，兩浙節度使韓滉檢校尚書左僕射江淮轉運使）所貯蓄財賦爲饋運之資，以充三年之費；然後營田積粟，且耕且戰，收復河隴二十餘州，可翹足而待也。」上（德宗）甚納其言。滉之入朝也（寅恪案：舊唐書壹貳德宗紀上貞元二年十一月兩浙節度使韓滉來朝），路由汴州，厚結劉玄佐，將薦其可任邊事。玄佐納其賂，因許之。及來覲，上訪問焉，初頗禀命，及滉以疾歸第，玄佐意怠，遂辭邊任，盛陳犬戎未衰，不可輕進。滉貞元三年二月以疾薨，遂寢其事。

同書同卷張延賞傳（新唐書壹貳柒張嘉貞傳附延賞傳同）云：

（延賞）請減官員，收其俸禄，資幕職戰士，俾劉玄佐收復河湟，軍用不乏矣。上（德宗）然之。初韓滉入朝，至汴州，厚結劉玄佐，將薦其可委邊任，玄佐亦欲自效，初稟命，及滉卒，玄佐以疾辭，上遣中官勞問，臥以受命。延賞知不可用，奏用李抱真，抱真亦辭不行。時抱真判官陳曇奏事京師，延賞俾曇勸抱真，竟拒絕之。蓋以延賞挾怨罷李晟兵柄，由是武臣不附。

通鑑貳叁貳貞元三年七月條略云：

（李）泌曰：「臣能不用中國之兵，使吐蕃自困。」上（德宗）曰：「計將安出？」對曰：「臣未敢言之。」上固問，不對。意欲結回紇、大食、雲南，與共圖吐蕃，令吐蕃所備者多。知上素恨回紇，故不肯言。

同書貳叁叁貞元三年九月條略云：

（李泌）對曰：「願陛下北和回紇，南通雲南，西結大食、天竺，如此，則吐蕃自困。」上（德宗）曰：「三國當如卿言，至于回紇，則不可。」泌曰：「臣固知此，所以不敢早言。爲今之計，當以回紇爲先，三國差緩耳。」上曰：「所以招雲南、大食、天竺奈何？」對曰：「回紇和，則吐蕃已不敢輕犯塞矣。次招雲南，則是斷吐蕃之右臂也。

大食在西域爲最强，自葱嶺盡西海，地幾半天下，與天竺皆慕中國，代與吐蕃爲仇，臣故知其可招也。」

寅恪案：德宗、韋皋、韓滉、李泌等皆欲施用或略已實行包圍環攻吐蕃之政策，若非當日唐室君主及將相大臣深知諸外族相互之關係，不能致此，而李長源之論尤爲明暢。通鑑所載當采自鄴侯家傳。李繁著書雖多夸大溢美之語（如劉玄佐之入朝，實出韓滉之勸促，而鄴侯家傳則歸功于李泌，司馬君實謂之掠美，即是其例也。見通鑑考異貞元二年七月條），然校以同時關係諸史料，知其所述包環吐蕃之策要爲有所依據，不盡屬浮詞也。

前言唐太宗、高宗二朝全盛之世，竭中國之力以取高麗，僅得之後，旋即退出，實由吐蕃熾盛，唐室爲西北之强敵所牽制，不得已乃在東北方取消極退守之策略。然則吐蕃雖與高麗不接土壤，而二者間之連環關係，實影響于中夏數百年國運之隆替。今述吐蕃事竟，即續論高麗者，亦爲此連環之關係，不獨敍述次第之便利也。

隋煬帝承文帝統一富盛之後，唐太宗藉内安外攘之威，傾中夏全國之力，以攻高麗，終于退敗。煬帝竟坐是覆其宗社，而太宗亦遺恨無窮。自來史家于此既鮮卓識之議論，而唐高宗之所以暫得旋失之故復無一貫可通之解釋。鄙意高麗問題除前所謂外族盛衰之連環性外，尚别具天時、地理、人事三因素，與其他外族更有不同。其關于唐以前及以後之史事者，以非本篇範圍，不能涉及。因僅就唐代用兵高麗之本末，推論此三因素之關係，以明中國在唐以前經營東北成敗利鈍所以然之故，治史之君子儻亦有取于是歟？

唐承宇文氏「關中本位政策」，其武力重心即府兵偏置于西北一隅，去東北方之高麗甚遠。中國東北方冀遼之間其雨季在舊曆六七月間，而舊曆八九月至二三月又爲寒凍之時期。故以關中遼遠距離之武力而欲制服高麗攻取遼東之地，必在凍期已過雨季未臨之短時間獲得全勝而後可。否則，雨潦泥濘冰雪寒凍皆于軍隊士馬之進攻餽糧之輸運已甚感困難，苟遇一堅持久守之勁敵，必致無功或覆敗之禍。唐以前中國對遼東、高麗進攻之策略爲速戰速決者，其主因實在此。若由海道以取高麗，則其鄰國百濟、新羅爲形勢所關之地，于不善長海戰之華夏民族尤非先得百濟，以爲根據，難以經略高麗。而百濟又與新羅關係密切，故百濟、新羅之盛衰直接影響于中國與高麗之争競。唐代之中國連結新羅，制服百濟，藉以攻克高麗，而國力分于西北吐蕃之勁敵，終亦不能自有，轉以爲新羅强大之資，此實當日所不及料，因成爲後來數百年世局轉捩之樞紐者也。關于高麗問題，兹引史籍以供釋證，而此事于時日先後之記載最爲重要，故節録通鑑所紀唐太宗伐高麗之役于下，藉作一例。其以干支記日者悉注明數字及月建大小盡，庶幾讀者于時間之長短獲一明確印象。并略增删胡注之文，附載陸路行軍出入遼東所經重要城邑距長安洛陽之遠近，讀者若取時日與道里綜合推計，則不僅此役行軍運糧之困難得知實狀，而于國史中唐前之東北問題亦可具一正確之概念也。

通鑑壹玖柒紀唐太宗伐高麗事略云：

上（太宗）將征高麗。（貞觀十八年）秋七月（大盡）辛卯（二十日）敕將作大監閻立德等詣洪、饒、江三州，造船四百艘，以載軍糧。甲午（二十三日）下詔遣營州都督張儉等帥幽營二都督兵及契丹、奚、靺鞨，先擊遼東，以觀其勢。以太常卿韋挺爲饋運使，以民部侍郎崔仁師副之。自河北諸州皆受挺節度，聽以便宜從事。又命太僕少卿蕭鋭運河南諸州糧入海。冬十月（大盡）甲寅（十四日）車駕行幸洛陽（寅恪案：在今河南洛陽縣。通典壹柒柒州郡典河南府洛州去西京八百五十里）。十一月（大盡）壬申（初二日）至洛陽。前宜州刺史鄭元璹已致仕，上以其嘗從隋煬帝伐高麗，召詣行在問之。對曰：「遼東道遠，糧運艱阻，東夷善守城，攻之不可猝下。」上曰：「今日非隋之比，公但聽之！」張儉等值遼水漲，久不得濟，上以爲畏懦，召詣洛陽。甲午（二十四日）以刑部尚書張亮爲平壤道行軍大總管，帥江淮嶺峽兵四萬、長安洛陽募士三千、戰艦五百艘，自萊州泛海趨平壤。又以太子詹事左衛率李世勣爲遼東道行軍大總管，帥步騎六萬人及蘭河二州降胡趣遼東，兩軍合勢并進。庚子(三十日)諸軍大集于幽州(寅恪案:在今河北薊縣。通典壹柒捌州郡典范陽郡幽州今理薊縣,去西京二千五百二十三里,去東京一千六百八十里)。手詔諭天下,言昔隋煬帝殘暴其下,高麗王仁愛其民,以思亂之軍擊安和之衆,故不能成功。今略言必勝之道有五:一曰:以大擊小,二曰:以順討逆,三曰:以治乘亂,四曰:以逸待勞,五曰:以悦當怨,何憂不克?布告元元,勿爲疑懼!十二月(小盡)甲寅(十四日)詔諸軍及新羅、百濟、奚、契丹分道擊高麗。

(貞觀)十九年春正月(小盡),韋挺坐不先行視漕渠,運米六百餘艘至盧思臺側(胡注云:盧思臺去幽州八百里,此漕渠蓋即曹操伐烏丸所開泉州渠也),淺塞不能進,械送洛陽。丁酉(二十八日)除名,以將作少監李道裕代之,崔仁師亦坐免官。二月(大盡)庚戌(十二日)上自將諸軍發洛陽。是月李世勣軍至幽州。三月(小盡)丁丑(十九日)車駕至定州(寅恪案:在今河北定縣。通典壹柒捌州郡典博陵郡定州今理安喜縣,去西京二千一百里,去東京一千二百十里)。丁亥(十九日)上謂侍臣曰：「遼東本中國之地，隋氏四出師而不能得，朕今東征，欲爲中國報子弟之仇，高麗雪君父之耻耳。且方隅大定，惟此未平，故及朕之未老，用士大夫餘力以取之。」上將發，太子（高宗）悲泣數日，上曰：「今留汝鎮守，輔以賢俊，悲泣何爲？」壬辰（二十四日）車駕發定州。李世勣軍發柳城（寅恪案：在今熱河朝陽縣。通典壹柒捌州郡典柳城郡營州今理柳城縣，去西京五千里，去東京四千一百一十里）。多張形勢，若出懷遠鎮者（寅恪案：新唐書叁玖地理志營州柳城郡有懷遠守捉城）。而潛師北趣甬道，出高麗不意。夏四月（大盡）戊戌朔（初一日）世勣自通定濟遼水（胡注云：通定鎮在遼水西，隋大業八年伐遼所置，甬道隋起浮橋度遼水所築。寅恪案：通典壹柒捌柳城郡營州至遼河四百八十里），至玄菟（寅恪案：三國志魏志叁拾東夷傳東沃沮傳云：（漢武帝）以沃沮城爲玄菟郡，後爲夷貊所侵，徙郡勾麗西北，今所謂玄菟府是也。胡注云：有遼山，遼水所出），高麗大駭，城邑皆閉門自守。壬寅（初五日）遼東道副大總管江夏王道宗將兵數千至新城(寅恪案: 在今遼寧瀋陽縣西北),城中無敢出者。營州都督張儉將胡兵爲前鋒,進渡遼水,趨建安城(胡注云: 自遼東城西行三百里至建安城。胡注蓋依據新唐書肆叁下地理志引賈躭所記入四夷道里也)。丁未(初十日)車駕發幽州。壬子(十五日)李世勣、江夏王道宗攻高麗蓋牟城(胡注云: 蓋牟城在遼東城東北。寅恪案: 在今遼寧蓋牟縣)。丁巳(二十日)車駕至北平(胡注云: 此古北平也,舊志平州隋爲北平郡。寅恪案: 在今河北盧龍縣。通典壹柒捌州郡典北平郡平州今理盧龍縣,東北到柳城郡七百里,去西京四千三百二十里,去東京三千五百二十里)。癸亥(二十六日)李世勣等拔蓋牟城,獲二萬餘口,糧十餘萬石。張亮帥舟師自東萊渡海,襲卑沙城(寅恪案: 隋書陸肆來護兒傳云:「(大業)十年又帥師渡海,至卑奢城,高麗舉國來戰,護兒大破之,斬首千餘級,將趨平壤,高元震懼,遣使執叛臣斛斯政,詣遼東城下,上表請降。(煬)帝許之,遣人持節召護兒旋師。」卑奢城即卑沙城也,可以參證),程名振引兵夜至,副總管王大度先登,五月(小盡)己巳

（初二日）拔之。分遣總管丘孝忠等曜兵于鴨緑水（寅恪案：通典壹捌陸邊防典高句麗傳云：馬訾水一名鴨緑水，在平壤城西北四百五十里，遼水東南四百八十里。胡注云：漢書謂之馬訾水，今謂之混同江）。李世勣進至遼東城下（寅恪案：在今遼寧遼陽縣北）。庚午（初三日）車駕至遼澤，泥淖二百餘里，人馬不可通，將作大監閻立德布土作橋，軍不留行。壬申（初五日）渡澤東。乙亥（初八日）高麗步騎四萬救遼東，既合戰，唐兵不利。（江夏王）道宗收散卒，與驍騎數十衝之，左右出入，李世勣引兵助之，高麗大敗。丁丑（初十日）車駕度遼水，撤橋以堅士卒之心。李世勣攻遼東城，晝夜不息，旬有二日。上引精兵會之，甲申（十七日）遂克之。所殺萬餘人，得勝兵萬餘人，男女四萬口，以其城爲遼州。乙未（二十八日）進軍白巖城（寅恪案：在今遼寧遼陽縣東北）。六月（大盡）丁酉朔（初一日）城主孫代音請降，上受其降，以白巖城爲巖州。丁未（十一日）車駕發遼東。丙辰（二十日）至安市城（寅恪案：在今遼寧蓋平縣東北），進兵攻之。丁巳（二十一日）北部耨薩延壽、惠真帥高麗、靺鞨兵十五萬救安市。上謂侍臣曰：「今爲延壽策有三：引兵直前，連安市城爲壘，攻之不可猝下，欲歸則泥潦爲阻，坐困吾軍，上策也。拔城中之衆，與之宵遁，中策也。來與吾戰，下策也。」高麗有對盧，年老習事，謂延壽曰：「爲吾計者，莫若頓兵不戰，曠日持久，遣奇兵斷其運道，糧食既盡，求戰不得，欲歸無路，乃可勝也。」延壽不從，引軍直進，去安市城四十里。江夏王道宗曰：「高麗傾國以拒王師，平壤之守必弱，假臣精卒五千覆其本根，則數十萬衆可不戰而降。」上不應。戊午（二十二日）諸軍并進，高麗兵大潰，斬首二萬餘級。己未（二十三日）延壽、惠真帥其衆三萬六千八百人（來）降。獲馬五萬匹，牛五萬頭，鐵甲萬領，佗器械稱是。高麗舉國大駭，上驛書報太子，更名所幸山曰駐蹕山。秋七月（大盡）辛未（初五日）上徙營安市城東嶺。上之克白岩也，謂李世勣曰：「吾聞安市城險而兵精，建安兵弱而糧少，公可先攻建安，建安下，則安市在吾腹中。」對曰：「建安在南，安市在北，吾軍糧皆在遼東，若賊斷吾糧道，將若之何？不如先攻安市，安市下，則取建安耳。」上曰：「以公爲將，安得不用公策。」世勣遂攻安市，攻久不下。高延壽、惠真請于上曰：「安市人自爲戰，未易猝拔，烏骨城（寅恪案：在今遼寧蓋平縣東境地）耨薩老耄，不能堅守，移兵臨之，朝至夕克，其餘當道小城望風奔潰，鼓行而前，平壤必不守矣。」群臣亦言：張亮在沙城（胡注云：沙城即卑沙城），召之，信宿可至。并力拔烏骨城，度鴨緑水，直取平壤，在此舉矣。上將從之，獨長孫無忌以爲建安城之虜衆猶十萬，若向烏骨，皆躡吾後，不如先破安市，取建安，然後長驅而進，此萬全之策也。上乃止。諸軍急攻安市，江夏王道宗督衆築土山逼其城，晝夜不息，凡六旬，用功五十萬。上以遼左早寒，草枯泉凍，士馬難久留，且糧食將盡，九月（大盡。寅恪案：是年八月大盡）癸未（十八日）敕班師，命李世勣、江夏王道宗將步騎四萬爲殿。乙酉（二十日）至遼東。丙戌（二十一日）渡遼水。遼澤泥潦，車馬不通，命長孫無忌將萬人剪草填道，以車爲梁，上自繫薪于馬鞘以助役。冬十月（小盡）丙申朔（初一日）上至蒲溝駐馬，督填道諸軍，度勃錯水（胡注云：蒲溝勃錯水皆在遼澤中）。暴風雪，士卒沾濕，多死者。凡征高麗戰士死者幾二千人，戰馬死者什七八，上以不能成功，深悔之。嘆曰：「魏徵若在，不使我有是行也。」命馳驛祀徵以少牢，復立所製碑，召其妻子詣行在勞之。丙午（十一日）至營州，丙辰（二十一日）上聞太子奉迎將至，從飛騎三千人馳入臨榆關（寅恪案：通典壹柒捌州郡典北平郡平州盧龍縣臨榆關在縣城東一百八十里據此當即今山海關地），道逢太子。上之發定州也，指所御褐袍謂太子曰：「俟見汝，乃易此袍耳。」在遼左雖盛暑流汗弗之易，及秋穿敗，左右請易之，上曰：「軍士衣多弊，吾獨御新衣可乎？」至是太子進新衣，乃易之。十一月（大盡）辛未（初七日）車駕至幽州。庚辰（十六日）過易州境（寅恪案：今河北易縣。通典壹柒捌上谷郡易州，去西京二千一百九十七里，去東京一千四百六十二里），丙戌（二十二日）車駕至定州。壬辰（二十八日）車駕發定州。十二月（小盡）戊申（十四日）至并州（通典壹柒玖州郡典太原府并州今理太原、晉陽二縣，去西京一千三百里，去東京八百八十五里。寅恪案：唐代州治在今山西太原省會西南三十里）。（貞觀）二十年二月（大盡）乙未（初二日）上發并州。三月（小盡）己巳（初七日）車駕還京師（寅恪案：即今西京市）。上謂李靖曰：「吾以天下之衆困于小夷，何也？」靖曰：「此道宗所解。」上顧問江夏王道宗，具陳在駐蹕時乘虛取平壤之言。上悵然曰：「當時匆匆，吾不憶也。」

寅恪案：唐太宗之伐高麗，于貞觀十八年秋冬間著手準備，至半歲之後，即貞觀十九年二月間太宗發洛陽，李世勣會集陸軍即戰鬥主力于幽州，于是開始出動，蓋非俟至氣候稍暖之時不能于東北行軍也。又歷二月之久至五月初，李世勣軍進至遼東城下，太宗亦于此時渡遼澤，但爲泥淖阻滯至一星期之久，始與世勣會兵，其軍行已嫌遲緩，及攻圍遼東城，經十有二日方能克之，已在五月中旬將盡之際矣。又頓兵安市，由六月二十日至九月十八日三月之久而不能克取其城。遼左秋晚氣候轉變，糧道不通，若不急速班師，則將全軍覆没。江夏王道宗出奇之計，高延壽、惠真攻烏骨之策及太宗越安市先取建安之議實皆不可施行，只爲快意之談耳，觀李世勣、長孫無忌等之言可知也。至太宗雖經寒暑不肯易弊褐一事傳爲美談，實則太宗明知此役利在速戰速決，若至秋季不能復衣褐袍之時，無論成敗如何，斷不能不班師歸來，與太子相見。故不妨先作豪語，以收人心，斯亦英雄權譎之一端歟？又張亮等雖克卑沙，竟無大效者，殆以從海道攻高麗，與百濟之關係甚大，觀于同一李世勣之人在太宗貞觀時不能克高麗，而在高宗總章時能滅其國者，固由敵人有内亂可乘，而百濟先已取得，要爲其主因之一也。其他史籍所載太宗伐高麗之功績多是官書諱飾其失敗之詞，既不足信，故亦可不辨。

新唐書貳貳拾東夷傳高麗傳（參舊唐書壹玖玖上東夷傳高麗傳、唐會要玖伍高句麗條）略云：

（泉）蓋蘇文死，子男生代爲莫離支，與弟男建、男産相怨。男生據國内城，遣子獻誠入朝求救，蓋蘇文弟亦請割地降。（乾封元年）九月（龐）同善破高麗兵，男生率師來會。以李勣爲遼東道行軍大總管，轉燕趙食廥遼東。明年勣次新城，城人縛戍酋出降，勣進拔城十有六。郭待封以舟師濟海趨平壤。三年（是歲改元總章）勣率（薛）仁貴拔扶餘城，它城三十皆納款。侍御史賈言忠計事還，帝（高宗）問：「軍中云何？」對曰：「必克。先帝（太宗）問罪所以不得志者，虜未有釁也。今男生兄弟鬩很，爲我鄉導，虜之情僞我盡知之，故曰必克。」男建以兵五萬襲扶餘，勣破之薩賀水上，進拔大行城，契苾何力會勣軍于鴨緑水上，拔辱夷城，悉師圍平壤。九月勣縱兵噪而入（城），執（高麗王高）藏男建等，收凡五部七十六城户六十九萬，剖其地爲都督府者九，州四十二，縣百。後復置安東都護府，擢酋豪有功者，授都督刺史令，與華官參治，仁貴爲都護，總兵鎮之。總章二年大長鉗（鉗通鑑壹佰壹咸亨元年條作劍）牟岑率衆反，立藏外孫安舜爲王。詔高偘（等）討之，舜殺鉗牟岑，走新羅。偘徙都護府治遼東州。儀鳳二年授藏遼東都督，封朝鮮郡王，還遼東，以安餘民。徙安東都護府于新城。藏以永淳初死，舊城往往入新羅，遺人散奔突厥靺鞨。

舊唐書壹玖玖上東夷傳新羅傳(參新唐書貳貳拾上東夷傳新羅傳、唐會要玖伍新羅條)略云:

太宗將親伐高麗,詔新羅纂集士馬,應接大軍。新羅遣五萬人入高麗南界,攻水口城,降之。(貞觀)二十一年(新羅王金)善德卒,立其妹真德爲王。永徽元年真德大破百濟之衆。三年真德卒,以春秋嗣立爲新羅王。六年百濟與高麗、靺鞨率兵侵其北界,攻陷三十餘城,春秋遣使上表求救。顯慶五年命左衛大將軍蘇定方爲熊津道大總管,統水陸十萬仍令春秋爲嵎夷道行軍總管與定方討平百濟,俘其王扶餘義慈獻于闕下。龍朔元年法敏襲王。咸亨五年納高麗叛衆,略百濟地,守之。帝(高宗)怒,以其弟仁問爲新羅王,自京師歸國,詔劉仁軌(等)發兵窮討,破其衆于七重城。詔以李謹行爲安東鎮撫大使,屯買肖城,三戰,虜皆北,法敏遣使入朝謝罪,仁問乃還(自「龍朔元年」至「仁問乃還」一節爲新傳之文)。自是新羅漸有高麗、百濟之地，其界益大，西至于海。

唐會要玖伍百濟條（參考舊唐書壹玖玖上新唐書貳貳拾百濟傳）略云：

百濟者乃扶餘之別種，當馬韓之故地，大海之北，小海之南，東北至新羅，西至越州，南渡海至倭國，與新羅爲仇讎。貞觀十六年與高麗通和，以絶新羅入朝之道。太宗親征高麗，百濟懷二，數年之間朝貢遂絶。顯慶五年八月十三日左衛大將軍蘇定方討平之，虜其王義慈及太子崇將校五十八人送于京師。其國分爲五部，統郡三十七，城二百，户七十六萬。至是以其地置熊津、馬韓、東明、金漣、德安等五都督府，各統州縣，立其酋長爲都督刺史縣令，合左衛郎將王文度爲都統，總兵以鎮之。（舊將）福信與浮屠道琛反，迎故王子扶餘豐于倭，立爲王。龍朔元年（劉）仁軌發新羅兵往救，二年（劉）仁願遣劉仁軌破（其衆），豐走，不知所在，諸城皆復。帝（高宗）以扶餘隆爲熊津都督，俾歸國，平新羅舊憾，招還遺人。麟德二年與新羅王會熊津，刑白馬以盟，仁願等還，隆畏衆携散，亦歸京師。（自「福信與浮屠道琛反」至「亦歸京師」一節爲新傳之文。）

新唐書貳壹陸上吐蕃傳（參舊唐書壹玖陸上吐蕃傳及舊唐書捌叁新唐書壹壹壹薛仁貴傳）略云：

自是歲入邊，破有諸羌羈縻十二州。總章中，議徙吐谷渾于涼州，傍南山。帝（高宗）刈吐蕃之入，召宰相等議，先擊吐蕃，議不決，亦不克徙。咸亨元年入殘羈縻十八州，率于闐取龜茲撥換城，于是安西四鎮并廢。詔薛仁貴爲邏娑道行軍大總管，阿史那道真、郭待封副之，出討吐蕃，并護吐谷渾還國，師凡十餘萬，至大非川，爲欽陵所拒，王師敗績，遂滅吐谷渾，而有其地。

寅恪案：高麗時代高宗獲勝之重要原因在乘高麗之內亂及據新羅、百濟之形勢。然既得其國，而終不能有，則以吐蕃熾盛，西北危急，更無餘力經營東北。觀其從新克高麗勝將薛仁貴以討吐蕃，而致大敗之事可知也。自此以後，高麗廢而新羅、渤海興，唐室對于東北遂消極采退守維持現狀之政策。惟大同江以南之地實際雖不能有，而名義尚欲保留，及至玄宗開元全盛之時，即此虚名亦予放棄，斯誠可謂唐代對外之一大事。

册府元龜玖柒壹外臣部朝貢門云：

（開元二十四年）六月，新羅王金興光遣使獻表曰：「伏奉恩敕：浿江已南宜令新羅安置！臣生居海裔，沐化聖朝，雖丹素爲心，而功無可效，以忠正爲事，而勞不足賞。陛下降雨露之恩，發日月之詔，錫臣土境，廣臣邑居，遂使墾闢有期，農桑得所，臣奉絲綸之旨榮寵之深，粉骨糜身，無由上答。」

南詔與其他外族盛衰之連環性，觀前引關于吐蕃諸條，其概略已可推知。吐蕃之國勢自貞元時開始衰弱，文宗以後愈見不振，中國自韋臯帥蜀，定與南詔合攻吐蕃之策，南詔屢得勝利，而中國未能增强，大和三年南詔遂陷邛、戎、巂三州，入掠成都（見舊唐書壹玖柒新唐書貳貳貳中南蠻傳南詔傳，及舊唐書壹玖叁杜元穎傳、新唐書玖陸杜如晦傳附元穎傳），西川大困。通鑑貳肆玖大中十二年六月條略云：

初安南都護李琢爲政貪暴，群蠻怨怒，導南詔侵盜邊境，自是安南始有蠻患。

同書同卷大中十三年末條略云：

初，韋皋在西川開青溪道以通群蠻，使由蜀入貢。又選群蠻子弟，聚之成都教以書數，欲慰悦羈縻之。如是五十年，群蠻子弟學于成都者，殆以千數，軍府頗厭于廩給。又蠻使入貢，利于賜與，所從傔人寖多，杜悰爲西川節度使，奏請節減其數，詔從之。南詔豐祐怒，自是入貢不時，頗擾邊境。會宣宗崩，中使告哀，豐祐亦卒，子酋龍立，禮遇(使者)甚薄。上(懿宗)以酋龍不遣使來告喪，又名近玄宗諱，遂不行册禮。酋龍乃自稱皇帝，遣兵陷播州。

胡注云：

爲南詔攻蜀攻交趾張本。

然則，宣宗末世南詔始大爲邊患。其强盛之原因則緣吐蕃及中國既衰，其鄰接諸國俱無力足與爲敵之故，此所謂外族盛衰之連環性也。至中國内政所受之影響直關唐室之覆亡，不僅邊境之患而已，當別于後述之，兹暫不涉及。又凡唐代中國與外族之關係今已論其重要者，其餘雖從略，然可以前所言之義例推之也。

中國無論何代，即當堅持閉關政策之時，而實際終難免不與其他民族接觸，李唐一代其與外族和平及戰爭互相接觸之頻煩，尤甚于以前諸朝，故其所受外族影響之深且鉅，自不待言。但關于宗教文化者，固非今所論之範圍，即直接有關內部政治者，亦只能舉一二大事，以爲例證，未遑詳盡論述之也。

鄴侯家傳論府兵廢止之原因，其一爲長期兵役，取劉仁軌任洮河鎮守使爲例證（見玉海壹叁捌兵制叁所引，通鑑貳叁貳貞元二年八月條亦采自鄴侯家傳也）。蓋唐代府兵之制其特異于西魏、北周之時期者，實在設置軍府地域內兵農之合一。吐蕃强盛之長久，爲與唐代接觸諸外族之所不及，其疆土又延包中國西北之邊境，故不能不有長期久戍之「長征健兒」，而非從事農業之更番衛士所得勝任。然則鄴侯家傳所述誠可謂一語破的，此吐蕃之强盛所給予唐代中國內政上最大之影響也。（關于府兵制前期問題，詳見拙著隋唐制度淵源略論稿兵制章，兹可不論，惟唐代府兵爲兵農合一制一點，恐讀者尚持葉水心兵農分離説而不之信，請略舉一二例證，以祛其疑焉。一爲通典陸食貨典賦税下載唐高宗龍朔三年七月制「衛士八等已下每年放還，令出軍，仍免庸調」，此制之前載（高祖武德）九年三月詔「天下户立三等，未盡升降，宜爲九等」之文。故可據以推定龍朔三年七月制中「八等」之「等」乃指户籍等第而言，然則此制與其初期僅籍六等以上豪户者不同，即此制已推廣普及于設置軍府地域内全部人民之確證也。二爲戈本貞觀政要貳直諫類貞觀三年詔關中租税免二年條（參唐會要捌伍團貌雜録條及魏鄭公諫録）略云：

右僕射封德彝等并欲中男十八已上簡點入軍，敕三四出。（魏）徵奏以爲不可。太宗怒，乃出敕：「中男已上雖未十八，身形壯大，亦取！」徵又不從。太宗曰：「中男若實小，自不點入軍，若實大，亦可簡取。」徵曰：「若次男已上盡點入軍，租賦雜徭將何取給？且比年國家衛士不堪攻戰豈爲其少？若精簡壯健，人百其勇，何必在多？」

通鑑壹玖貳武德九年十二月亦載此事，胡注云：

唐制民年十六爲中男，十八始成丁，二十一爲丁，充力役。

據魏徵「租賦雜徭將何取給？」之語推之，則當日人民未充衛士時亦須擔負租賦雜徭之義務，是一人之身兼充兵務農之二業也，豈非唐代府兵制兵農合一之明證乎？斯事今不能詳論，僅略述大意，附注于此。）

回紇與中國摩尼教之關係，論者頗衆，又不屬本書範圍，自可不言。其族類與中國接觸，而影響及戰時之財政經濟者，亦非所欲論，兹僅略述回紇與中國在和平時期財政經濟之關係于下：

新唐書伍拾兵志云：

乾元後回紇恃功，歲入馬取繒，馬皆病弱不可用。

同書伍壹食貨志云：

回紇有助收西京功，代宗厚遇之，與中國婚姻，歲送馬十萬匹，酬以縑帛百餘萬匹，而中國財力屈竭，歲負馬價。

舊唐書壹貳柒源休傳略云：

（回紇）可汗使謂休曰：「所欠吾馬直絹一百八十萬匹，當速歸之！」

同書壹玖伍回紇傳（參新唐書貳壹柒上回鶻傳）略云：

回紇恃功，自乾元之後屢遣使以馬和市繒帛，仍歲來市，以馬一匹易絹四十匹（新傳絹作縑）。動至數萬馬，其使候遣，繼留于鴻臚寺者非一。蕃得帛無厭，我得馬無用，朝廷甚苦之。是時特詔厚賜遣之，示以廣恩，且俾知愧也。是月（大曆八年十一月）回紇使使赤心領馬一萬匹來求市，代宗以馬價出于租賦，不欲重困于民，命有司量入計，許市六千匹。（貞元）八年七月，以回紇藥羅葛靈檢校右僕射，仍給市馬絹七萬匹。回鶻請和親，憲宗使有司計之，禮費約五百萬貫，方內有誅討，未任其親。

新唐書貳壹柒上回鶻傳(參考李相國論事集)略云:

(回鶻)遣伊難珠再請昏,未報,可汗以三千騎至鸊鵜泉。于是振武以兵屯黑山,治天德城備虜。禮部尚書李絳奏言:「北狄貪没,唯利是視,比進馬規直,再歲不至,豈厭繒帛之利哉?殆欲風高馬肥,而肆侵軼。北狄西戎素相攻討,故邊無虞。今回鶻不市馬,若與吐蕃結約解讎,則將臣閉壁憚戰,邊人拱手受禍,臣謂宜聽其昏,使守藩禮。或曰:降主費多,臣謂不然。我三分天下賦,以一事邊,今東南大縣賦歲二十萬緡,以一縣賦爲昏貲,非損寡得大乎?今惜昏費不與,假如王師北征,兵非三萬,騎五千,不能扞且馳也。又如保十全之勝,一歲輒罷,其饋餉供擬豈止一縣賦哉?」帝(憲宗)不聽。

白氏長慶集肆新樂府云:

陰山道。疾貪虜也。

陰山道,陰山道,紇邏敦肥水泉好。每歲戎人送馬時,道旁千里無纖草。草盡泉枯馬病羸，飛龍但印骨與皮。五十匹縑易一匹，縑去馬來無了日。養無所用去非宜，每歲死傷十六七。縑絲不足女工苦，疏織短截充匹數。藕絲蛛網三丈餘，回紇訴稱無用處。咸安公主號可敦，遠爲可汗頻奏論。元和二年下新敕，內出金帛酬馬直。仍詔江淮馬價縑，從此不令疏短織。合羅將軍呼萬歲，捧受金銀與繒綵。誰知黠虜啓貪心，明年馬來多一倍。縑漸好，馬漸多。陰山虜，奈爾何！

寅恪案：唐與回紇在和平時之關係中，馬價爲國家財政之一大問題，深可注意。李絳所言許昏回紇之利，憲宗豈是不知？而終不聽者，實以中國財力有所不及，故寧可吝惜昏費，而僥倖其不來侵邊境也。白香山新樂府之陰山道一詩即寫當日之實狀者，據舊唐書肆捌食貨志（通典陸食貨典租稅下同）云：

開元八年正月敕：「頃者以庸調無憑，好惡須準，故遣作樣，以頒諸州，令其好不得過精，惡不得至濫，任土作貢，防源斯在。而諸州送物，作巧生端，苟欲副于斤兩，遂則加其丈尺，至有五丈爲匹者，理甚不然。闊一尺八寸，長四丈，同文共軌，其事久行，立樣之時，亦載此數，若求兩而加尺，甚暮四而朝三，宜令有司簡閱，有逾于比年常例，丈尺過多，奏聞！」

然則唐代定制，絲織品以四丈爲一匹，而回紇馬價縑一匹長止三丈餘，且疏織，宜召回紇之怨訴。唐室之應付此項財政困難問題，計出于無聊，抑又可知矣。

又回紇在和平時期，與唐代中國政府財政關係既如上述之例，其與中國人民經濟關係亦有可略言者。册府元龜玖柒玖外臣部和親門（參考舊唐書壹叁叁李晟傳附惎傳）云：

大和五年六月有龍武大將軍李惎之子某借回紇錢一萬一千二百貫不償，爲回紇所訴，貶惎宣州别駕。下詔戒飭曰：「如聞頃來京城内衣冠子弟及諸軍使并商人百姓等多有舉諸蕃客本錢，歲月稍深，徵索不得，致蕃客停滯，市易不合及時。自今已後，諸色人宜准敕互市外，不得輒與蕃客交關，委御史臺及京兆府切加捉搦，仍即作件聞奏，其今日已前所欠負委府縣速與懲理處分！」

又新唐書貳壹柒上回鶻傳（參考舊唐書壹貳柒張光晟傳及通鑑貳貳陸建中元年八月甲午條）云：

始回紇至中國，常參以九姓胡，往往留京師，至千人，居貲殖産甚厚。（上篇已引）

據新唐書貳貳壹下西域傳康國傳，（上篇已引），九姓胡即中亞昭武九姓族類，所謂西域賈胡者是也。其假借回紇勢力僑居中國，居貲殖産，殆如今日猶太商人假借歐美列强勢力來華通商致富之比耶？斯亦唐代中國在和平時期人民所受外族影響之一例也。

新唐書壹肆捌康日知傳附承訓傳（參考舊唐書壹玖上懿宗紀咸通四年五年九年十年諸條，及新唐書壹壹肆崔融傳附彦曾傳等）略云：

咸通中南詔復盜邊，武寧兵七百戍桂州（寅恪案：新唐書陸伍方鎮表武寧軍節度使治徐州），六歲不得代。列校許佶、趙可立因衆怒，殺都將，詣監軍使丐糧鎧北還，不許，即擅斧庫，劫戰械，推糧料判官龐勛爲長，勒衆上道。懿宗遣中人張敬思部送，詔本道觀察使崔彦曾慰安之，次潭州，監軍詭奪其兵，勛畏必誅，篡舟循江下，益裒兵，招亡命，遂入徐州，據之。帝遣中人康道隱宣慰徐州，道隱還，固求節度。帝乃拜承訓檢校尚書右僕射義成軍節度使徐泗行營都招討使，率魏博、鄜延、義武、鳳翔、沙陀吐渾兵二十萬討之。勛以（其父）舉直守徐州，（承訓使降將張玄稔破徐州），勛聞徐已拔，自石山而西，所在焚掠。承訓悉兵八萬逐北，沙陀將朱邪赤衷急追。至宋州，勛焚南城，爲刺史鄭處沖所破，將南趨亳。承訓兵循渙而東，賊走蘄縣，官兵斷橋，不及濟，承訓乃縱擊之，斬首萬級，餘皆溺死，閱三日，得勛尸。

舊唐書壹玖下僖宗紀（參考舊唐書壹陸壹李光顔傳，新唐書壹陸伍鄭餘慶傳附從讜傳、壹陸柒王播傳附式傳、壹柒壹李光顔傳、壹捌捌楊行密傳、壹捌玖高仁厚傳、貳百捌宦者傳下田令孜傳、貳壹肆藩鎮澤潞劉悟傳，又同書肆叁下地理志羈縻州回紇州鷄田州條、陸肆方鎮表興鳳隴欄大中五年條等）略云：

乾符四年十二月(黄巢)賊陷江陵之郛,(荆南節度使楊)知温求援于襄陽,山南東道節度使李福悉其師援之。時沙陀軍五百騎在襄陽,軍次荆門,騎軍擊賊,敗之,賊盡焚荆南郛郭而去。

中和三年四月庚辰收復京城,天下行營兵馬都監楊復光上章告捷曰:「雁門節度使李克用殺賊無非手刃,入陣率以身先,忠武黄頭軍使龐從等三十二都隨李克用自光泰門入京師,力摧兇逆。伏自收平京國,三面皆立大功,若破敵摧鋒,雁門實居其首。」五月王鐸罷行營都統。時中尉田令孜用事,自負帷幄之功,以鐸用兵無功,而復光建策召沙陀,成破賊之效,欲權歸北司,乃黜王鐸,而悦復光也。(中和三年五月條中篇已引。)

寅恪案:唐中央政府戰勝龐勛、黄巢,實賴沙陀部落之助,蓋府兵制度破壞已久之後,舍胡兵外,殆不易得其他可用之武力也。至黄頭軍疑出自回紇,與沙陀同爲胡族。兹以其問題複雜,史料闕少,未能于此詳論。總之,觀于唐季朝廷之忍恥曲宥沙陀,終收破滅黄巢之效，則外族與内政關係之密切可以推知也。

又新唐書貳貳貳中南蠻傳南詔傳（參通鑑貳伍叁廣明元年條及胡注）云：

會西川節度使陳敬瑄重申和議，時盧携復輔政，與豆盧瑑皆厚（主和之高）駢，乃譎説帝（僖宗）曰：「宣宗皇帝收三州七關，平江嶺以南，至大中十四年内庫貲積如山，户部延資充滿，故宰相（白）敏中領西川，庫錢至三百萬緡，諸道亦然。咸通以來，蠻始叛命，再入安南邕管，一破黔州，四盗西川，遂圍盧耽，召兵東方，戍海門，天下騷動，十有五年，賦輸不内京師者過半，中藏空虚，士死瘴癘，燎骨傳灰，人不念家，亡命爲盗，可爲痛心！」

自咸通以後，南詔侵邊，影響唐財政及内亂頗與明季之「遼餉」及流寇相類，此誠外患與内亂互相關係之顯著例證也。夫黄巢既破壞東南諸道財富之區（見上篇所引舊唐書壹肆憲宗紀上元和二年十二月己卯史官李吉甫撰元和國計簿條），時溥復斷絶南北運輸之汴路（詳見崔致遠桂苑筆耕集及拙著秦婦吟校箋），藉東南經濟力量及科舉文化以維持之李唐皇室，遂不得不傾覆矣。史家推迹龐勛之作亂，由于南詔之侵邊，而勛之根據所在適爲汴路之咽喉，故宋子京曰：「唐亡于黄巢，而禍基于桂林。」(新唐書南詔傳論)。嗚呼！世之讀史者儻亦有感于斯言歟？